APLICAÇÃO DE
INTELIGÊNCIA ARTIFICIAL
NA GESTÃO DE PROJETOS

APLICAÇÃO DE
INTELIGÊNCIA ARTIFICIAL
NA GESTÃO DE PROJETOS

ALEXANDRE CAIEIRO DA COSTA

EDITORA **B**

Belo Horizonte, 2024

EDITORA | Beatriz Amaral
REVISÃO | Juliana Mascarenhas
PROJETO GRÁFICO | Studio BD
ILUSTRAÇÃO CAPA | Imagem criada pelo autor por Dall-E 2024, utilizando o prompt: Create an image about the theme "Application of AI for Project Management". The background color must be #F0F8FB.

Dados Internacionais de Catalogação na Publicação (CIP)

Costa, Alexandre Caieiro da

C837   Aplicação de inteligência artificial na gestão de projetos / Alexandre Caieiro da Costa. - Belo Horizonte: Editora B Atã, 2024.
148p.

ISBN 978-65-01-03511-6
1. Inteligência artificial - Gestão de porjetos.
2. Tecnologia. I. Título.

CDD: 303.4   CDU: 301.19

Ficha catalográfica – M. Aparecida Costa Duarte – CRB/6-1047

Grafia atualizada segundo o Acordo Ortográfico da Língua Portuguesa de 1990, que entrou em vigor no Brasil em 2009.

Compre este e outros títulos pelo site: www.editorab.com.br

A Marília,
família e amigos,
por sempre acreditarem em mim,
mesmo nos momentos de dúvida.

Este livro é para todos vocês.

APRESENTAÇÃO

A Inteligência Artificial (IA) é uma das tecnologias mais disruptivas e transformadoras do nosso tempo. Sua aplicação em diversos setores tem causado um impacto sem precedentes na resolução de problemas, na criação de valor e na geração de oportunidades. Nesse contexto, a gestão de projetos não é exceção, mas um ambiente ideal para a exploração e inovação com a IA.

Este livro, *Aplicação de Inteligência Artificial em Gestão de Projetos*, é uma obra dedicada a mostrar as possibilidades e benefícios de integrar a IA no ciclo de vida dos projetos.

O autor, Alexandre Caieiro da Costa, PMP® e MBA Internacional em Gestão de Projetos, apresenta, de forma clara e precisa, os conceitos fundamentais da IA, suas principais técnicas e ferramentas, e suas aplicações práticas nas diferentes áreas de conhecimento da gestão de projetos.

O objetivo deste livro é proporcionar ao leitor uma visão global e atualizada de como a IA pode melhorar a eficiência, a eficácia e a agilidade na gestão de projetos, oferecendo soluções inteligentes, casos de sucesso, lições aprendidas e as melhores práticas para a implementação e adoção da IA nesse contexto.

Além disso, o livro busca inspirar o leitor a adotar uma postura proativa e criativa diante dos desafios e oportunidades que a IA oferece, incentivando uma cultura de aprendizado e inovação contínua.

É destinado a profissionais, estudantes e interessados em gestão de projetos e inteligência artificial que desejam conhecer e aprofundar-se nas vantagens e implicações dessa convergência tecnológica. O livro não exige conhecimento prévio em IA, mas sim disposição para aprender e experimentar esta tecnologia fascinante e revolucionária.

Espero que a leitura seja do seu agrado e que suas experiências na aplicação da inteligência artificial na gestão de projetos sejam tão enriquecedoras quanto esclarecedoras, assim como tem sido para mim, motivo pelo qual tenho a honra de recomendá-lo.

John Valera, PMP®
Mestre em Design e Gestão de Projetos

PREFÁCIO

A integração da Inteligência Artificial (IA) na gestão de projetos marca uma revolução significativa na forma como enfrentamos os desafios contemporâneos. Este livro *Aplicação de Inteligência Artificial na Gestão de Projetos* é um guia dedicado à exploração profunda dessa convergência transformadora.

À medida que testemunhamos uma era em que a complexidade dos projetos cresce exponencialmente, a aplicação estratégica da IA emerge como uma ponte para a eficiência e a inovação. Neste livro desvendamos as camadas da IA que podem ser integradas ao ciclo de vida de um projeto, desde a concepção até a entrega, impactando positivamente cada fase.

Exploramos estudos de caso reais, destacando como organizações visionárias estão empregando IA para aprimorar a gestão de recursos, otimizar o cronograma de projetos, antecipar riscos e proporcionar resultados excepcionais.

Ao compartilhar essas experiências, pretendemos inspirar gestores de projetos, líderes de equipe e profissionais que buscam elevar suas práticas ao próximo patamar.

Nossa jornada pela aplicação de IA na gestão de projetos não é apenas um mergulho nas tecnologias emergentes, mas também uma reflexão sobre os princípios éticos e as considerações práticas que moldam esse cenário dinâmico.

Convidamos você a explorar conosco as possibilidades infinitas que a Inteligência Artificial oferece, capacitando a inovação e impulsionando o sucesso em projetos de todas as dimensões. Que este livro sirva como um guia valioso para aqueles que desejam desbravar o terreno fértil da gestão de projetos impulsionada pela Inteligência Artificial.

Juntos, embarcamos em uma jornada de descoberta e transformação, moldando o futuro da gestão de projetos com visão, conhecimento e inovação.

Desejo a você uma leitura agradável e que suas experiências na implementação de Inteligência Artificial na gestão de projetos sejam tão gratificantes quanto esclarecedoras.

Alexandre Caieiro da Costa

SUMÁRIO

APRESENTAÇÃO   7

PREFÁCIO   9

1 INTRODUÇÃO À INTELIGÊNCIA ARTIFICIAL   15

2 *MACHINE LEARNING* E ANÁLISE DE DADOS   29

3 FUNDAMENTOS DE GESTÃO DE PROJETOS   39

4 INTEGRAÇÃO DE IA EM GESTÃO DE PROJETOS   57

5 FERRAMENTAS DE IA NA GESTÃO DE PROJETOS   69

6 ESTUDO DE CASO E EXEMPLOS PRÁTICOS   107

7 DESAFIOS ÉTICOS E JURÍDICOS   117

8 TENDÊNCIAS FUTURAS   129

9 ADOÇÃO DE IA PASSO A PASSO:
UM GUIA PRÁTICO PARA O SUCESSO   143

Antes de abordarmos as ferramentas e técnicas da Gestão de Projetos com Inteligência Artificial, farei uso do clichê comum entre Gerentes de Projetos: "Assegurar que todos estão na mesma página" e alinhar conceitos.

Para isso, faz-se necessário o seguinte questionamento: o que vem à mente quando alguém pergunta: "O que é Inteligência Artificial?"

Quando abordamos este tema, naturalmente somos remetidos ao universo cinematográfico, onde diversas realidades utópicas são retratadas nas telas de cinema.

Seja na representação de máquinas humanoides que se rebelaram contra a raça humana, passando por robôs corajosos e irritantes de uma galáxia muito distante na ficção, até chegarmos à realidade das caixinhas inteligentes que respondem aos nossos comandos com piadas sem graça, todas essas narrativas compartilham um elemento comum: INTELIGÊNCIA ARTIFICIAL.

A definição de Inteligência Artificial não é única, mas, de maneira geral, refere-se à capacidade de uma máquina imitar o comportamento inteligente humano, abrangendo atividades como aprendizado, raciocínio, planejamento e resolução de problemas.

A Inteligência Artificial (IA) possui diversas aplicações práticas em setores como robótica, tecnologia da informação, reconhecimento de fala e processamento de linguagem natural.

1

INTRODUÇÃO
À INTELIGÊNCIA ARTIFICIAL

1. HISTÓRIA E EVOLUÇÃO

A história da Inteligência Artificial pode ser rastreada até a antiguidade, quando filósofos gregos como Aristóteles contemplavam sobre o pensamento e a lógica.

No entanto, a verdadeira ascensão da IA ocorreu no século XX, com o advento da computação e o desenvolvimento da teoria da computação.

A seguir um breve histórico da evolução da IA, de seu advento até o auge nos dias atuais.

DÉCADA DE 1950

Em meados do século 20, o matemático inglês Alan Turing propôs o "Teste de Turing", uma abordagem para determinar se uma máquina poderia exibir comportamento inteligente indistinguível a de um ser humano, esse marco é frequentemente considerado o início da IA.

John McCarthy cunhou o termo "Inteligência Artificial" e a pesquisa inicial concentrou-se no desenvolvimento de programas que poderiam imitar a inteligência humana como jogar xadrez e resolver problemas matemáticos. Pesquisadores como Arthur Samuel começaram a trabalhar em programas capazes de aprender com essa experiência.

DÉCADA DE 1960

Durante essa década, a IA focou-se no uso de regras de inferência e busca heurística para resolver problemas. Esse período foi marcado pelo desenvolvimento de algoritmos que visavam imitar o raciocínio humano e tomar decisões lógicas em diferentes cenários.

O desenvolvimento de "Sistemas Especialistas" foi um marco importante na década de 1960. Esses sistemas, que eram capazes de tomar decisões baseadas em um conjunto de regras específicas, foram utilizados em áreas como medicina e finanças, mostrando o potencial da IA em resolver problemas complexos.

A título de curiosidade, vale destacar:
:: Criação do "Ultima-te" o primeiro robô industrial criado por George Devo para linha de produção da General Motors em 1961.
:: Nasce o primeiro chatbot chamado "Eliza" em 1964 por Joseph Wiezenbaum no Laboratório de Inteligência Artificial do MIT.

DÉCADA DE 1970

Nesse período, houve um foco no aprendizado de máquina e no desenvolvimento de algoritmos de classificação, como o *Perceptron*. Além disso, os pesquisadores começaram a investir tempo em sistemas de interpretação e linguagem natural, com o objetivo de habilitar a IA para trabalhar com tradução.

DÉCADA DE 1980

A IA começou a ser utilizada em aplicações comerciais, como o uso de sistemas inteligentes em indústrias químicas e farmacêuticas. Houve um grande avanço nos sistemas especialistas, que são capazes de armazenar conhecimento específico e utilizar regras baseadas nesse conhecimento para tomar decisões ou realizar diagnósticos. Além disso, as redes neurais voltaram a ter relevância nas pesquisas e no mercado.

Durante essas décadas, um fenômeno interessante observado foi o Paradoxo de Moravec5. Este paradoxo, articulado por Hans Moravec e outros na década de 1980, observa que, ao contrário das suposições tradicionais, o raciocínio requer muito pouca computação, mas as habilidades sensório motoras e de percepção exigem enormes recursos computacionais.

Moravec escreveu em 1988: "é comparativamente fácil fazer os computadores exibirem desempenho de nível adulto em testes de inteligência ou jogar damas, e difícil ou impossível dar-lhes as habilidades de uma criança de um ano quando se trata de percepção e mobilidade."

DÉCADA DE 1990

O ressurgimento da IA nessa década foi impulsionado por avanços no processamento com grandes conjuntos de dados e algoritmos mais sofisticados. Nesse período, a subárea de IA conhecida como Aprendizado de Máquina (*Machine Learning*) ganhou destaque, dando continuidade ao trabalho iniciado por Arthur Samuel na década de 1950. Esse enfoque na capacidade das máquinas de aprender sem programação explícita tornou-se central para muitos desenvolvimentos notáveis.

Algoritmos de aprendizado profundo, como redes neurais, também ganharam destaque nessa época, permitindo avanços significativos em reconhecimento de imagem, processamento de linguagem natural e jogos estratégicos, como o xadrez.

DÉCADA DE 2000

Após o impactante episódio do "Bug do Milênio", a Inteligência Artificial não apenas perseverou, mas também testemunhou uma significativa evolução. Novas tecnologias, como o aprendizado de máquina (*Machine Learning*) e o aprendizado profundo (*Deep Learning*), emergiram como catalisadores desse progresso. Essas inovações têm desempenhado um papel crucial capacitando a IA a transcender suas capacidades anteriores.

A implementação do aprendizado de máquina e do aprendizado profundo conferiu à IA a habilidade não apenas de realizar tarefas complexas, mas também de atingir um nível profissional em atividades desafiadoras, como jogar xadrez. Esse avanço demonstra o contínuo desenvolvimento da IA e também sua capacidade de superar barreiras e alcançar proezas notáveis em diferentes domínios, destacando seu papel crescente e impactante em nossa sociedade e tecnologia modernas.

DÉCADA DE 2010

Com o surgimento dos aparelhos móveis como smartphones e tablets, a tecnologia começou a ser desenvolvida para estes dispositivos. A grande coleta de dados impactou os estudos de IA e, com o passar dos anos, a população passou a gerar muitos dados que se tornaram um dos principais produtos vendidos na década de 2010. Tudo o que é pesquisado é informação útil para que as empresas possam utilizar propagandas de forma mais efetiva.

Ainda nesse período, houve a popularização do termo *deep learning* e avanços significativos em visão computacional, processamento de linguagem natural e reconhecimento de voz. Esses avanços permitiram que as máquinas aprendessem a executar tarefas como se fossem seres humanos, copiando padrões humanos de raciocínio.

DÉCADA DE 2020

Chegamos ao início da década de 2020 e um dos principais avanços da IA foi o desenvolvimento do aprendizado profundo, que é um tipo de aprendizado de máquina que usa redes neurais artificiais para aprender dados. O qual permitiu que a IA realizasse tarefas complexas, como reconhecimento de imagem e processamento de linguagem natural, com um nível de precisão sem precedentes.

Outro avanço importante foi o surgimento de novos modelos de IA, como o ChatGPT (Atualmente na Versão 4 Turbo) e DALL-E ambos da OpenAI (Empresa financiada pela Microsoft) e o B.A.R.D. do Google.

Esses modelos são capazes de gerar texto, traduzir idiomas, escrever diferentes tipos de conteúdo criativo e responder a perguntas de forma informativa.

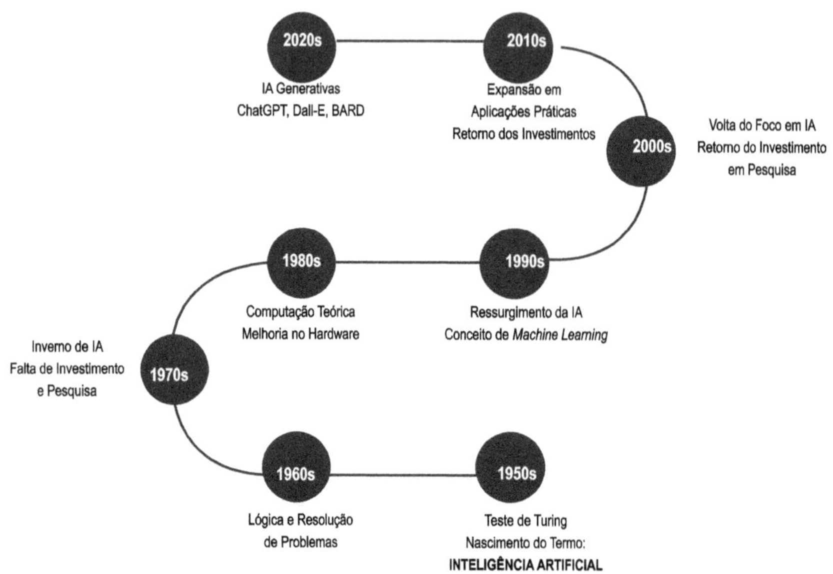

Linha do Tempo da Inteligência Artificial

2. APLICAÇÕES PRÁTICAS

Antes de explorar a aplicação da Inteligência Artificial na Gestão de Projetos, é fundamental compreender o que impulsiona o desenvolvimento de novas aplicações práticas da IA em diversos setores, como saúde, educação, finanças, manufatura, serviços e Tecnologia da Informação.

SAÚDE

A Inteligência Artificial utiliza algoritmos avançados para analisar grandes conjuntos de dados médicos, identificando padrões e sinais precoces de doenças. Isso não apenas agiliza o processo de diagnóstico, mas também aumenta a precisão, permitindo intervenções mais rápidas e eficazes.

Exemplos:

:: Desenvolvimento de medicamentos e tratamentos inovadores, mediante a análise de extensos conjuntos de dados médicos.

:: Diagnóstico mais preciso de doenças, utilizando técnicas de aprendizado de máquina.

:: Personalização de tratamentos médicos com base nas características individuais de cada paciente.

:: Melhoria na gestão de hospitais e clínicas, incorporando *chatbots* e assistentes virtuais.

EDUCAÇÃO

A automação de tarefas administrativas por meio da Inteligência Artificial proporciona uma gestão mais eficiente e ágil das operações escolares. Isso inclui processos como organização de horários, gestão de recursos e acompanhamento de desempenho, liberando tempo e recursos para atividades mais estratégicas e interativas.

Como:

:: Desenvolvimento de sistemas adaptativos de aprendizado, ajustando conteúdo e metodologia de ensino às necessidades individuais de cada aluno.

:: Automatização de tarefas administrativas, como correção de provas
e emissão de notas.

:: Fornecimento de feedback aos alunos com base na análise de suas
atividades e desempenho.

FINANÇAS

No âmbito das Inteligências Artificiais, observamos a aplicação de algoritmos avançados para análise de dados financeiros em larga escala. Essa capacidade analítica não apenas agiliza processos, como também aprimora a tomada de decisões, contribuindo para estratégias mais informadas e assertivas.

Tais como:

:: Avaliação de risco de crédito, baseada na análise de extensos conjuntos de dados financeiros.

:: Identificação de fraudes, por meio de técnicas de aprendizado de máquina.

:: Automatização de tarefas bancárias, como abertura de contas e processamento de pagamentos.

MANUFATURA

A aplicação de Inteligências Artificiais na indústria promove uma abordagem mais inteligente e eficaz no controle de processos de fabricação. Algoritmos avançados são capazes de analisar grandes volumes de dados em tempo real, otimizando a produção, identificando padrões e prevenindo falhas, resultando em um aumento notável na qualidade dos produtos.

Como:

:: Automatizar tarefas de produção, como montagem e embalagem.

:: Melhorar a qualidade dos produtos, utilizando técnicas de visão computacional.

:: Reduzir custos, otimizando os processos de produção.

SERVIÇOS

Ao automatizar tarefas rotineiras a IA permite que as organizações atinjam níveis mais elevados de eficiência operacional. Algoritmos avançados capacitam sistemas a realizar operações complexas de forma rápida e precisa reduzindo os tempos de execução e aumentando a produtividade global.

Exemplos:

:: Desenvolver *chatbots* e assistentes virtuais para atendimento ao cliente.

:: Automatizar tarefas administrativas, como agendamento de consultas e reservas.

:: Personalizar produtos e serviços, com base nas preferências dos clientes.

TECNOLOGIA DA INFORMAÇÃO

A versatilidade da IA na área de Tecnologia da Informação demonstra como essa tecnologia está redefinindo os padrões de operação e impulsionando a inovação em um setor fundamental para a infraestrutura tecnológica moderna.

AUTOMATIZAÇÃO DE PROCESSOS

Em tarefas repetitivas e rotineiras a IA otimiza a eficiência operacional e libera recursos humanos para atividades mais estratégicas.

ANÁLISE DE DADOS AVANÇADA

Análise avançada de grandes conjuntos de dados proporciona entendimentos valiosos para a tomada de decisões mais informadas e eficazes.

SEGURANÇA CIBERNÉTICA

A detecção de padrões e anomalias fortalece as defesas contra ameaças cibernéticas e garante a segurança dos dados.

ASSISTÊNCIA AO DESENVOLVIMENTO DE SOFTWARE

O desenvolvimento de software por meio da automação de tarefas de codificação, teste e depuração acelera o ciclo de vida do desenvolvimento de software.

SUPORTE AO ATENDIMENTO AO CLIENTE

Os *chatbots* baseados em IA fornecem suporte instantâneo e respostas a perguntas frequentes, melhorando a experiência do cliente.

OTIMIZAÇÃO DE REDES

Monitora o desempenho em tempo real e ajusta dinamicamente para garantir uma conectividade eficiente e confiável.

A Inteligência Artificial é uma ferramenta projetada para automatizar e simplificar tarefas sem substituir as pessoas em suas atividades. Essa distinção destaca a colaboração entre a tecnologia e os profissionais, ressaltando que a IA é uma aliada no aprimoramento das capacidades humanas proporcionando eficiência e inovação nos processos.

Ao enfatizar o papel da IA como ferramenta, destaca-se sua função de ampliar a capacidade humana permitindo a execução mais rápida e precisa de tarefas rotineiras e repetitivas. Isso libera tempo e recursos para que os profissionais se concentrem em atividades que demandam criatividade, análise crítica e tomada de decisões estratégicas.

É crucial reconhecer que, quando integrada de maneira ética e responsável, a Inteligência Artificial pode promover uma colaboração sinérgica entre máquinas e seres humanos. A automação de certas tarefas libera os profissionais para se dedicarem a atividades que exigem empatia, intuição e a complexidade única do pensamento humano.

Portanto, ao compreender a IA como uma ferramenta, podemos explorar seu potencial máximo na melhoria da eficiência e na criação de soluções inovadoras, enquanto preservamos e valorizamos o papel insubstituível desempenhado pelas habilidades humanas.

2

MACHINE LEARNING

E ANÁLISE DE DADOS

A integração harmoniosa de técnicas avançadas de *Machine Learning* (ML) e análise de dados no contexto do Gerenciamento de Projetos não apenas sinaliza um avanço significativo, mas estabelece um marco decisivo para a eficácia operacional e aprimoramento da tomada de decisões.

Este casamento estratégico não se reduz a uma mera fusão de tecnologias; ele efetivamente inaugura uma revolução abrangente, redefinindo a abordagem tradicional e remodelando a dinâmica dos projetos desde sua concepção até a otimização.

Esta convergência estratégica representa uma mudança paradigmática na gestão de projetos. Não se trata apenas da incorporação de inovações, mas da criação de um ambiente onde as capacidades preditivas do *Machine Learning* e a análise de dados trabalham em conjunto para impulsionar a eficiência e aprimorar a qualidade das decisões tomadas ao longo do ciclo de vida do projeto.

O potencial de inovação contínua é uma dimensão adicional proporcionada por esta integração. Ao utilizar as capacidades adaptativas do *Machine Learning,* as organizações têm a oportunidade de aprimorar suas práticas existentes e também de instigar uma cultura de melhoria contínua, adaptando-se constantemente às mudanças no ambiente do projeto.

Além disso, a sinergia entre ML e análise de dados aprimora as práticas operacionais existentes e oferece efetividade na gestão de recursos em escalas diversas. Isso permite a aplicação dessas técnicas tanto em projetos menores quanto em iniciativas de maior complexidade, garantindo uma adaptação flexível às diversas necessidades e dimensões dos projetos.

Essa revolução tecnológica não exclui a importância da força de trabalho humana; ao contrário, ela aprimora o papel dos profissionais ao empoderá-los com ferramentas avançadas. A combinação de ML e análise de dados cria um ambiente no qual a inteligência humana é potencializada pela capacidade de processamento e análise computacional, resultando em tomadas de decisões mais informadas e estratégicas.

Além disso, a capacidade preditiva do ML não apenas antecipa desafios, mas também permite uma resposta dinâmica a mudanças no ambiente de projeto. Isso coloca as organizações em uma posição vantajosa para lidar com imprevistos, ajustando estratégias e planos de ação de maneira rápida e eficaz à medida que o projeto evolui.

A convergência entre ML e análise de dados também destaca a importância da transparência e responsabilidade. À medida que essas tecnologias desempenham um papel crucial na tomada de decisões, garantir que os processos sejam compreensíveis, auditáveis e éticos torna-se uma prioridade, reforçando a confiança nas soluções implementadas.

1. ALGORITMOS DE *MACHINE LEARNING*

No vasto campo do aprendizado de máquina, encontramos diversos tipos de algoritmos, cada um distinto em sua abordagem de aprendizagem e na natureza dos problemas que são capazes de resolver. Neste contexto, exploraremos de forma mais aprofundada três categorias principais de algoritmos:

ALGORITMOS SUPERVISIONADOS

São aqueles que aprendem com dados que têm uma resposta certa para cada entrada. O objetivo desses algoritmos é achar uma função que ligue as entradas nas respostas certas. Os algoritmos supervisionados podem ser de dois tipos:

:: Algoritmos de regressão – são usados para prever valores que podem variar, como o preço de uma casa ou a temperatura de uma cidade.

:: Algoritmos de classificação – são usados para prever valores que têm opções, como o gênero de uma pessoa ou a categoria de um produto.

ALGORITMOS NÃO SUPERVISIONADOS

São aqueles que aprendem com dados que não têm uma resposta certa para cada entrada. O objetivo desses algoritmos é achar padrões, formas ou grupos nos dados. Os algoritmos não supervisionados podem ser de dois tipos:

:: Algoritmos de *clustering* – são usados para juntar os dados em grupos parecidos.

:: Algoritmos de redução de dimensionalidade – são usados para diminuir o número de dados, mantendo as características mais importantes.

ALGORITMOS SEMI-SUPERVISIONADOS

São os que aprendem com dados que têm uma resposta certa para algumas entradas, mas não para todas. O objetivo desses algoritmos é usar as informações dos dados que têm resposta e dos dados que não têm resposta, para melhorar o desempenho dos algoritmos supervisionados ou não supervisionados.

2. PRÉ-PROCESSAMENTO E LIMPEZA DE DADOS

Ao lidarmos com dados é comum encontrarmos situações em que eles não estão prontos para serem utilizados de maneira direta. Diversos desafios podem surgir, como a presença de valores ausentes, incorretos ou *outliers*. Diante dessas complexidades, torna-se imperativo realizar o pré-processamento e a limpeza dos dados, etapas cruciais que aprimoram a qualidade dos dados, e também os preparam adequadamente para análises subsequentes.

O pré-processamento e a limpeza de dados abrangem uma variedade de técnicas, as quais devem ser selecionadas de acordo com a natureza específica dos dados e o tipo de problema a ser abordado. As técnicas mais comuns são:

PREENCHER OU REMOVER OS VALORES FALTANTES

Quando os dados não têm um valor para alguma entrada, podemos tentar preencher esse valor com uma média, uma mediana, um valor mais frequente ou algum outro critério. Ou podemos remover essa entrada, se ela não for importante ou se tiver muitos valores faltantes.

REMOVER OU TRATAR OS *OUTLIERS*

Quando os dados têm valores muito diferentes do normal, que podem atrapalhar a análise, podemos tentar remover esses valores ou tratá-los de alguma forma, como substituir por um valor limite ou aplicar uma transformação matemática.

PADRONIZAR OU NORMALIZAR OS DADOS

Quando os dados têm valores com escalas diferentes, que podem prejudicar a comparação ou o cálculo, podemos tentar padronizar ou normalizar os dados, que são técnicas as quais se colocam os valores em uma mesma escala, como entre 0 e 1 ou com média 0 e desvio padrão 1.

REDUZIR A DIMENSIONALIDADE DOS DADOS

Quando os dados têm muitos atributos, que podem dificultar a visualização ou o processamento, podemos tentar reduzir a dimensionalidade dos dados, que é uma técnica a qual se diminui o número de atributos, mantendo as informações mais importantes ou relevantes.

3. ÉTICA E BIAS EM *MACHINE LEARNING*

Quando os resultados da aprendizagem de máquina não correspondem ao esperado, surgem questões cruciais. O fenômeno conhecido como viés (BIAS) em algoritmos pode ocorrer influenciando negativamente a objetividade ao favorecer ou prejudicar determinados dados com base em suposições incorretas ou preconceitos.

Essa situação pode desencadear impactos significativos, tanto para indivíduos quanto para a sociedade em geral, manifestando-se em problemas como discriminação, exclusão e desinformação. Diante dessas complexidades, a integração de princípios éticos na aprendizagem de máquina é imperativa.

A ética em aprendizagem de máquina representa um conjunto de princípios e regras que orientam o desenvolvimento e o uso dessas tecnologias visando mitigar os impactos adversos e garantir práticas responsáveis. Esses princípios buscam assegurar que os algoritmos sejam transparentes, responsáveis, confiáveis e, acima de tudo, respeitosos com os direitos humanos.

4. COMO EVITAR O BIAS EM *MACHINE LEARNING*?

Antes de falar sobre BIAS, precisamos estar alinhados sobre o significado deste conceito. O termo BIAS em ML se refere a um viés sistemático que pode estar presente nos dados utilizados para treinar um modelo ou nos próprios algoritmos empregados.

Esse viés pode levar a previsões ou decisões injustas, discriminatórias ou imprecisas, especialmente quando o modelo é aplicado a conjuntos de dados que não foram adequadamente representativos ou que contêm padrões discriminatórios.

Os dados podem ter BIAS quando eles não representam bem a realidade, quando eles têm valores faltando, errados ou fora do normal, ou quando eles têm influência de preconceitos humanos ou sociais. Os algoritmos podem ter BIAS quando eles não consideram todas as variáveis importantes, quando eles usam critérios injustos ou irrelevantes, ou quando eles não são testados ou revisados adequadamente.

Para evitar o BIAS em ML é preciso tomar alguns cuidados, como:

:: Escolher os dados com critério e qualidade, verificando se eles são completos, corretos, atualizados e diversificados.

:: Tratar os dados com técnica e cuidado, removendo ou corrigindo os valores faltantes, errados ou fora do normal, e padronizando ou normalizando os valores com escalas diferentes.

:: Projetar os algoritmos com clareza e objetividade, definindo bem o problema, as variáveis, os critérios e os objetivos.

:: Testar os algoritmos com rigor e honestidade, usando dados de treinamento e de teste, e medindo o desempenho, a precisão e o viés.

:: Revisar os algoritmos com ética e responsabilidade, analisando os resultados, os impactos e os riscos, e corrigindo os erros, as falhas e os vieses.

3

FUNDAMENTOS DE GESTÃO DE PROJETOS

A Gestão de Projetos é uma abordagem essencial para planejar, executar e concluir iniciativas com sucesso. Os fundamentos desta disciplina envolvem diversos elementos, começando pelo estabelecimento claro dos objetivos do projeto. Compreender o que se espera alcançar é crucial para direcionar todos os esforços de maneira eficiente.

Um dos passos iniciais é a elaboração de um plano de projeto abrangente, delineando tarefas, prazos e recursos necessários. Esse plano serve como guia para toda a equipe proporcionando uma visão clara do caminho a ser percorrido. A alocação eficiente de recursos, sejam eles humanos, financeiros ou materiais, é outro princípio fundamental para garantir a execução eficaz do projeto.

A comunicação desempenha um papel crucial na gestão de projetos. Manter todos os membros da equipe informados sobre o progresso, desafios e alterações no plano é vital para evitar mal-entendidos e garantir a colaboração efetiva. Além disso, a capacidade de adaptação é essencial, uma vez que os projetos frequentemente enfrentam imprevistos. A gestão eficaz envolve a identificação rápida de problemas e a implementação de soluções flexíveis.

Por fim, a avaliação do projeto após a conclusão é uma prática valiosa. Analisar o que deu certo, o que poderia ser melhorado e quais lições foram aprendidas contribui para a melhoria contínua da gestão de projetos. Em resumo, atenção aos objetivos, planejamento detalhado, alocação eficiente de recursos, comunicação transparente e flexibilidade são fundamentos essenciais para o sucesso na gestão de projetos.

1. CICLO DE VIDA DO PROJETO

O ciclo de vida do projeto representa a jornada que uma iniciativa percorre desde sua concepção até a conclusão. Compreender este ciclo é fundamental para uma gestão eficaz, pois fornece um roteiro estruturado para orientar todas as fases do projeto.

FASE DE INICIAÇÃO

No estágio inicial a equipe define claramente os objetivos do projeto, identifica os *stakeholders* envolvidos e estabelece as bases para o planejamento. É crucial determinar a viabilidade do projeto, avaliando os recursos necessários e os potenciais obstáculos que podem surgir.

FASE DE PLANEJAMENTO

É quando o projeto começa a tomar forma. Nesta fase são elaborados planos detalhados, incluindo cronogramas, orçamentos e alocação de recursos. A equipe define as tarefas específicas a serem realizadas, identifica riscos potenciais e estabelece métricas de sucesso. Um plano bem desenvolvido serve como guia durante a execução do projeto.

FASE DE EXECUÇÃO

Momento em que o projeto sai do papel e as atividades planejadas são realizadas. A gestão eficaz dos recursos e a comunicação clara são cruciais durante esta etapa. A equipe deve permanecer flexível para lidar com imprevistos e garantir que o projeto avance conforme o planejado. A liderança efetiva é essencial para motivar a equipe e manter o foco nos objetivos.

FASE DE ENCERRAMENTO

Fase final do ciclo de vida do projeto, na qual a equipe revisa o trabalho realizado, compara os resultados com os objetivos iniciais e documenta lições aprendidas. O encerramento adequado inclui a entrega de um produto final, a liberação de recursos e a celebração de conquistas.

A avaliação pós-projeto é crucial para aprimorar processos futuros e consolidar o aprendizado organizacional. Compreender e aplicar efetivamente cada uma dessas fases do ciclo de vida do projeto é essencial para o sucesso global da gestão de projetos, proporcionando uma estrutura sólida para guiar equipes e alcançar metas de maneira eficaz.

2. PRINCIPAIS METODOLOGIAS DE GESTÃO DE PROJETOS

Vimos o que é o ciclo de vida de um projeto e quais são as suas fases genéricas: iniciação, planejamento, execução e encerramento. No entanto, existem diferentes formas de conduzir essas fases, de acordo com a natureza, a complexidade e os objetivos do projeto.

Essas formas são chamadas de metodologias de gerenciamento de projetos e, cada uma, apresenta vantagens e desvantagens dependendo do contexto em que são aplicadas.

Agora vamos traçar um paralelo entre algumas das principais metodologias de gerenciamento de projetos: Agile, Waterfall, Scrum, Kanban, PRINCE2 entre outras. Além disso vamos ver como a Inteligência Artificial pode ajudar na gestão de projetos, independentemente da metodologia escolhida. As duas principais metodologias:

AGILE

É um conjunto de valores e princípios que enfatizam a colaboração, a entrega rápida de valor, a adaptação às mudanças e a satisfação do cliente. Agile não é uma metodologia específica, mas sim uma filosofia que pode ser aplicada com diferentes métodos, como Scrum, Kanban, e etc. Agile é indicado para projetos complexos, dinâmicos e incertos, que requerem feedback constante e entregas frequentes.

VANTAGENS

RESPOSTA RÁPIDA A MUDANÇAS

Uma das maiores vantagens do Agile é sua capacidade de adaptar-se às mudanças frequentes nos requisitos do projeto. Isso permite que as equipes ajustem suas prioridades e estratégias de desenvolvimento de forma rápida e eficiente.

ENTREGA INCREMENTAL E CONTÍNUA

A abordagem Agile promove a entrega de incrementos de produto funcionais em curtos períodos, conhecidos como iterações ou *sprints*. Isso possibilita que os clientes tenham acesso a funcionalidades utilizáveis mais cedo no ciclo de desenvolvimento.

COLABORAÇÃO E COMUNICAÇÃO INTENSIVAS

O Agile coloca grande ênfase na comunicação efetiva e na colaboração contínua entre membros da equipe, *stakeholders* e clientes. Isso cria um ambiente propício para alinhar as expectativas e garantir que todos compreendam os objetivos do projeto.

DESVANTAGENS

RESISTÊNCIA À MUDANÇA ORGANIZACIONAL

A adoção do Agile muitas vezes requer mudanças significativas na cultura organizacional e nas práticas de gestão. Algumas organizações podem encontrar resistência à mudança, especialmente se estiverem acostumadas a métodos mais tradicionais.

NECESSIDADE DE ENVOLVIMENTO CONSTANTE DO CLIENTE

A abordagem Agile exige um alto nível de envolvimento do cliente ao longo de todo o processo. Se os clientes não estiverem disponíveis ou comprometidos, pode haver dificuldades na obtenção de feedback oportuno.

FOCO NA AGILIDADE PODE LEVAR A FALTA DE DOCUMENTAÇÃO

Em algumas implementações Agile, a ênfase na entrega rápida pode resultar na ausência de documentação abrangente. Isso pode ser desafiador em ambientes regulamentados ou projetos que exigem documentação detalhada.

WATERFALL (CASCATA)

É uma metodologia tradicional e linear, que segue uma sequência de fases pré-definidas como análise, design, implementação, teste e entrega. Cada fase depende da conclusão da anterior e não há retorno. Waterfall é indicado para projetos simples, estáveis e previsíveis, que têm requisitos claros e bem definidos desde o início.

VANTAGENS

ESTRUTURA E PLANEJAMENTO CLAROS

O modelo Waterfall oferece uma estrutura clara e planejamento detalhado desde o início do projeto. Cada fase é bem definida, proporcionando uma visão geral do escopo, dos prazos e dos custos desde o início.

FACILIDADE NA GESTÃO E CONTROLE

A natureza sequencial do Waterfall facilita o controle do progresso do projeto. As fases distintas permitem uma gestão mais eficaz com monitoramento passo a passo e avaliação das entregas em cada etapa.

DOCUMENTAÇÃO ABUNDANTE

O Waterfall enfatiza a documentação extensiva em cada fase, o que pode ser benéfico em ambientes que requerem registros detalhados, como em setores regulamentados.

DESVANTAGENS

ADAPTAÇÃO LIMITADA A MUDANÇAS

Uma das principais desvantagens do Waterfall é a resistência à mudança após o início do projeto. Alterações nos requisitos ou escopo são difíceis de serem incorporadas uma vez que a fase atual é concluída.

FEEDBACK TARDIO DO CLIENTE

Os clientes geralmente veem o produto final apenas no final do ciclo de desenvolvimento. Isso significa que o feedback do cliente é obtido tardiamente, o que pode resultar em ajustes mais complexos e custosos.

RISCO DE ENTREGA DE PRODUTO NÃO ADERENTE ÀS NECESSIDADES EMERGENTES

Como o Waterfall segue um plano inicial rígido, há o risco de o produto final não atender totalmente às necessidades emergentes do cliente, especialmente se essas mudarem durante o desenvolvimento.

MAIOR RISCO DE FALHA

Se os requisitos iniciais não forem completamente compreendidos ou mal interpretados, o Waterfall pode levar a uma falha significativa do projeto, já que a correção de erros só ocorre no final do ciclo.

SCRUM

É uma metodologia ágil de gestão de projetos que tem ganhado destaque por sua flexibilidade e capacidade de adaptação às mudanças frequentes. Desenvolvido inicialmente para projetos de software, o Scrum tem sido aplicado com sucesso em diversas áreas, desde o desenvolvimento de produtos até a gestão de equipes multifuncionais. No centro desta abordagem ágil está a ideia de dividir o trabalho em iterações chamadas *sprints*, geralmente de 2 a 4 semanas, promovendo uma entrega incremental e contínua de valor.

VANTAGENS

ADAPTABILIDADE

Uma das principais vantagens do Scrum é sua capacidade de se adaptar a mudanças constantes nos requisitos do projeto. A flexibilidade inerente ao Scrum permite ajustes rápidos e eficientes em resposta a feedbacks do cliente ou a mudanças nas condições do mercado.

COMUNICAÇÃO EFICIENTE

O Scrum promove uma comunicação aberta e regular entre todos os membros da equipe, incluindo o cliente. Reuniões diárias curtas, chamadas de *Daily Standups*, garantem que todos estejam alinhados, compartilhando progresso, desafios e atualizações.

ENTREGA CONTÍNUA DE VALOR

A estrutura de *sprints* do Scrum facilita a entrega contínua de funcionalidades ou incrementos de produto a cada ciclo. Isso permite ao cliente começar a utilizar e beneficiar-se do produto mais cedo no processo de desenvolvimento.

DESVANTAGENS

COMPLEXIDADE DA IMPLEMENTAÇÃO INICIAL

A transição para o Scrum pode ser desafiadora, especialmente para organizações acostumadas a abordagens mais tradicionais de gerenciamento de projetos. A implementação inicial pode demandar mudanças culturais e estruturais.

FOCO NA COLABORAÇÃO PODE SER DESAFIADOR

O Scrum depende fortemente da colaboração e da comunicação efetiva entre os membros da equipe. Isso pode ser um desafio em equipes distribuídas geograficamente ou em projetos que envolvam diferentes áreas de expertise.

RISCO DE SOBRECARGA NAS REUNIÕES

A estrutura de reuniões regulares, embora crucial para a transparência e alinhamento, pode tornar-se excessiva se não for gerenciada eficientemente. Reuniões longas ou excessivas podem levar a perda de produtividade.

KANBAN

Metodologia de gestão visual que tem suas raízes no sistema de produção da Toyota, depois foi adotada em diversos setores e áreas, incluindo o desenvolvimento de software, marketing e gestão de projetos. Em contraste com o Scrum, o Kanban não prescreve papéis ou iterações fixas, mas se concentra na visualização e otimização do fluxo de trabalho.

VANTAGENS

VISIBILIDADE TOTAL DO TRABALHO

Uma das principais vantagens do Kanban é a visualização clara e instantânea de todo o trabalho em andamento. Quadros Kanban exibem todas as tarefas e seus estados, proporcionando transparência total para a equipe e as partes interessadas.

FLEXIBILIDADE E ADAPTABILIDADE

O Kanban é altamente adaptável a diferentes tipos de projetos e equipes. Não impõe papéis rígidos ou prazos fixos, permitindo uma adaptação fácil a mudanças nas prioridades ou requisitos do projeto.

MELHORIA CONTÍNUA

A ênfase no feedback constante e na análise do fluxo de trabalho incentiva a melhoria contínua. Equipes Kanban são encorajadas a identificar gargalos, eliminar desperdícios e otimizar constantemente seus processos.

DESVANTAGENS

FALTA DE ESTRUTURA PODE GERAR DESORGANIZAÇÃO

A flexibilidade do Kanban pode levar à falta de estrutura em alguns casos, especialmente se não houver limites bem definidos para o trabalho em progresso. Isso pode resultar em desorganização e falta de foco.

NECESSIDADE DE DISCIPLINA E COMPROMETIMENTO

A eficácia do Kanban depende da disciplina da equipe em manter o quadro atualizado e seguir os princípios de limites de trabalho em progresso. Se a disciplina for comprometida, a eficácia do método pode diminuir.

DIFICULDADE EM GERENCIAR PRAZOS RÍGIDOS

Pelo Kanban oferecer flexibilidade, pode ser menos eficaz para projetos que exigem prazos rígidos e entregas em datas específicas. A falta de iterações formais pode dificultar a gestão de projetos com cronogramas apertados.

PRINCE2 (*PROJECTS IN CONTROLLED ENVIRONMENTS*)

Metodologia de gerenciamento de projetos amplamente reconhecida, desenvolvida no Reino Unido, que oferece um *framework* robusto para o planejamento, a execução e o controle de projetos. Seu foco em processos, governança e controle o tornou uma escolha popular para projetos de grande escala e complexidade.

VANTAGENS

ABORDAGEM ESTRUTURADA E PROCESSUAL

O PRINCE2 fornece uma abordagem estruturada e processual para o gerenciamento de projetos. Suas fases e processos claramente definidos oferecem uma visão holística do ciclo de vida do projeto.

GOVERNANÇA FORTE

A metodologia PRINCE2 enfatiza a governança eficaz, com uma clara definição de papéis e responsabilidades, contribuindo para uma tomada de decisão mais transparente e um melhor controle sobre o projeto.

FLEXIBILIDADE ADICIONAL

Embora seja uma metodologia processual, o PRINCE2 permite certa flexibilidade para se adaptar a diferentes tipos de projetos, podendo ser escalonado para atender às necessidades de projetos de pequena ou grande escala.

FOCO NA GESTÃO DE RISCOS

O PRINCE2 coloca uma forte ênfase na gestão de riscos ao longo de todo o ciclo de vida do projeto, ajudando as equipes a identificarem, avaliarem e mitigarem riscos de forma proativa.

DESVANTAGENS

COMPLEXIDADE PARA PROJETOS PEQUENOS

A estrutura detalhada do PRINCE2 pode parecer excessiva e burocrática, e sua aplicação completa pode ser desnecessária e complicada em projetos menores.

ÊNFASE NA DOCUMENTAÇÃO

O PRINCE2 requer uma quantidade significativa de documentação, o que pode ser visto como um fardo em projetos que operam em um ambiente mais ágil e colaborativo. A burocracia associada pode ser percebida como excessiva.

NECESSIDADE DE TREINAMENTO ESPECÍFICO

A implementação eficaz do PRINCE2 muitas vezes requer treinamento especializado. A familiaridade com a metodologia e suas práticas específicas pode ser um desafio para equipes não treinadas.

ÊNFASE NA ESTRUTURA PODE LIMITAR A CRIATIVIDADE

A rigidez da metodologia, embora forneça controle, pode limitar a criatividade e a flexibilidade necessárias em projetos que exijam abordagens mais inovadoras.

3. PAPÉIS E RESPONSABILIDADES NA GESTÃO DE PROJETOS

O sucesso de um projeto transcende a simples seleção da metodologia e a compreensão do ciclo de vida; é igualmente crucial estabelecer de maneira nítida os papéis e responsabilidades dentro da equipe de gerenciamento. A efetiva definição dessas funções não apenas delineia claramente as expectativas, mas também cria uma base sólida para a colaboração e a eficiência operacional.

Cada membro da equipe desempenha um papel vital ao longo de todas as fases do projeto, desde a concepção até a conclusão. Ao compreender e cumprir suas responsabilidades de forma diligente, os membros contribuem significativamente para o alcance dos objetivos estabelecidos.

Dessa forma, a clareza nos papéis não apenas fortalece a coesão da equipe, mas também desempenha um papel fundamental na mitigação de conflitos, na promoção da responsabilidade individual e no aumento geral da eficácia do gerenciamento de projetos.

GERENTE DE PROJETO

É o líder central responsável por supervisionar e coordenar todas as atividades. Esse profissional deve ter habilidades excepcionais de comunicação, liderança e tomada de decisões. Sua função inclui o desenvolvimento do plano do projeto, a alocação de recursos, o monitoramento do progresso e a resolução de problemas que possam surgir durante a execução. O gerente de projeto é o ponto focal para a equipe e os *stakeholders* garantindo que o projeto avance conforme o planejado.

EQUIPE DE PROJETO

É composta por membros que desempenham funções específicas para atingir os objetivos do projeto. Cada membro traz habilidades e conhecimentos únicos para contribuir para o sucesso geral. A colaboração eficaz entre os membros da equipe é crucial para garantir que todas as tarefas sejam concluídas com eficiência e qualidade.

STAKEHOLDERS

Ou partes interessadas desempenham um papel vital no sucesso do projeto. Eles podem incluir clientes, patrocinadores, usuários finais e outros que têm interesse direto no resultado do projeto. O envolvimento efetivo dos *stakeholders* é essencial para garantir que as expectativas sejam gerenciadas, os requisitos sejam compreendidos e que o projeto atenda às necessidades do cliente.

ESPECIALISTAS TÉCNICOS

Em projetos mais complexos os especialistas técnicos desempenham um papel fundamental. Esses profissionais têm conhecimento especializado em áreas específicas como tecnologia, design ou engenharia e contribuem para a implementação bem-sucedida de soluções técnicas.

GARANTIA DA QUALIDADE

Assegura que padrões e requisitos de qualidade sejam atendidos em todas as fases do projeto. Isso envolve a implementação de processos de controle de qualidade, revisões e testes para garantir que o produto final atenda aos critérios estabelecidos. Na Metodologia Scrum, o profissional encarregado da qualidade dos "Entregáveis", é denominado *Product Owner* (PO). Como mencionado anteriormente, o PO assume a responsabilidade de assegurar que os aspectos técnicos estejam alinhados com as solicitações das áreas de negócios, assegurando que a entrega apresente os resultados e a qualidade esperados.

FACILITADOR DE COMUNICAÇÃO

É responsável por garantir uma comunicação eficaz entre todos os membros da equipe, *stakeholders* e outros envolvidos. Uma comunicação clara e aberta é crucial para evitar mal-entendidos, resolver conflitos e manter todos informados sobre o progresso do projeto.

Em grandes projetos, a responsabilidade de informar toda a organização sobre as mudanças resultantes da implementação de um novo sistema ou processo recai sobre a Gestão de Mudanças. Essa atividade é crucial para prevenir "ruídos de comunicação" tanto internamente quanto externamente à organização.

4

INTEGRAÇÃO DE IA EM GESTÃO DE PROJETOS

A integração da Inteligência Artificial na Gestão de Projetos marca um avanço significativo na forma como planejamos, executamos e concluímos iniciativas. A aplicação da IA nesse contexto não apenas otimiza processos, mas também abre portas para inovações que impactam positivamente a eficiência e eficácia do gerenciamento de projetos.

Além disso, é fundamental destacar que a introdução da Inteligência Artificial na gestão de projetos não se limita apenas à automação de tarefas rotineiras. A verdadeira revolução ocorre quando começamos a explorar as capacidades preditivas e analíticas da IA permitindo uma abordagem mais proativa e assertiva na tomada de decisões estratégicas.

Ao integrar algoritmos de aprendizado de máquina e processamento de linguagem natural, podemos capacitar as ferramentas de gestão de projetos a entender padrões complexos, identificar tendências emergentes e antecipar possíveis obstáculos.

Isso não apenas aumenta a agilidade na resposta a mudanças inesperadas, mas também contribui para a prevenção de riscos potenciais, promovendo assim uma gestão mais efetiva e resiliente. A colaboração entre a IA e os profissionais de gestão de projetos não implica na substituição do trabalho humano, mas sim na criação de uma sinergia que potencializa as habilidades individuais de cada parte.

A Inteligência Artificial pode assumir a carga de trabalho repetitiva e analítica liberando os gestores de projetos para se concentrarem em atividades mais estratégicas e criativas como a definição de metas claras, o estabelecimento de estratégias de comunicação eficazes e o fomento de uma cultura de inovação dentro da equipe.

Outro aspecto relevante é a necessidade contínua de atualização e adaptação. À medida que a tecnologia evolui novas ferramentas e algoritmos são desenvolvidos exigindo que os profissionais de gestão de projetos estejam constantemente atualizados e preparados para integrar essas inovações em suas práticas cotidianas.

Portanto, a integração da Inteligência Artificial na gestão de projetos não é apenas uma evolução tecnológica, mas uma transformação cultural e operacional que redefine a maneira como concebemos e conduzimos iniciativas, promovendo uma gestão mais inteligente, ágil e orientada para resultados.

1. BENEFÍCIOS DA APLICAÇÃO DE INTELIGÊNCIA ARTIFICIAL EM PROJETOS

Na gestão de projetos temos várias metodologias com o objetivo de melhorar e agilizar projetos, mas outro ponto importante é a melhoria nos métodos de trabalho do Gestor de Projetos. As ferramentas de Inteligência Artificial têm como objetivo otimizar, melhorar e automatizar algumas atividades como:

TOMADA DE DECISÕES APRIMORADA

A utilização de algoritmos de Inteligência Artificial na gestão de projetos representa um marco significativo na qualidade das decisões tomadas ao longo do ciclo de vida de uma iniciativa. Ao processar e analisar vastos conjuntos de dados, a IA extrai entendimentos valiosos proporcionando uma base sólida para escolhas mais informadas.

Essa capacidade de análise avançada não apenas otimiza a precisão das decisões, mas também agiliza o processo decisório permitindo uma resposta mais rápida a desafios e oportunidades que possam surgir durante a execução do projeto.

OTIMIZAÇÃO DE RECURSOS

A IA desempenha um papel crucial na alocação eficiente de recursos, sejam eles humanos, financeiros ou materiais. A capacidade de analisar padrões de uso e necessidades permite uma distribuição mais econômica e eficaz desses recursos ao longo do projeto. Isso não apenas resulta em um uso mais inteligente dos recursos disponíveis, mas também contribui para a maximização do retorno sobre o investimento, promovendo a sustentabilidade financeira do projeto.

PREVISÃO DE RISCOS

A capacidade preditiva da IA é fundamental na identificação proativa de riscos potenciais. Ao analisar históricos de projetos anteriores e padrões emergentes os sistemas de IA podem antecipar possíveis obstáculos permitindo que a equipe de gerenciamento adote uma abordagem proativa na mitigação de problemas. Essa previsão de riscos não apenas fortalece a resiliência do projeto, mas também contribui para a manutenção de prazos e orçamentos, prevenindo desvios significativos.

AUTOMAÇÃO DE TAREFAS REPETITIVAS

É uma das contribuições mais tangíveis da IA na gestão de projetos. Ao delegar essas atividades às soluções automatizadas, a equipe é liberada para se concentrar em aspectos mais estratégicos e criativos do projeto. Isso não apenas aumenta a eficiência operacional, mas também eleva a satisfação da equipe permitindo que os membros se envolvam em tarefas mais desafiadoras e gratificantes.

PERSONALIZAÇÃO DE ESTRATÉGIAS

A adaptabilidade da IA revela-se na capacidade de personalizar estratégias de gestão de projetos com base em padrões de desempenho e feedback contínuo. Ao aprender com experiências passadas, a IA ajusta dinamicamente abordagens e táticas proporcionando uma gestão mais ágil e adaptativa. Essa personalização não apenas otimiza a eficácia das estratégias empregadas, mas também fortalece a resiliência do projeto diante de mudanças imprevistas no ambiente operacional.

Ferramentas de IA em projetos transcendem a mera automação representando catalisadores para uma gestão mais inteligente, eficiente e orientada para resultados. As vantagens mencionadas não apenas otimizam processos, mas moldam uma abordagem inovadora e proativa na condução de iniciativas marcando uma evolução significativa na prática da gestão de projetos.

2. MELHORIA NA TOMADA DE DECISÃO UTILIZANDO IA

A aplicação da Inteligência Artificial Generativa (GenAI) emerge como uma ferramenta inovadora em várias áreas, e na Gestão de Projetos, não é exceção. Esta abordagem permite que a IA Generativa tome decisões fundamentadas com base em parâmetros previamente definidos.

A IA pode ser instrumental na melhoria do processo de decisão em diversas áreas. Ao operar com um extenso conjunto de dados a IA não apenas acelera o processo de tomada de decisão, mas também proporciona resultados notavelmente mais precisos. Esse avanço tecnológico não apenas otimiza a eficiência operacional, mas também contribui para a obtenção de entendimentos valiosos capacitando a gestão de projetos a alcançar resultados mais robustos e alinhados com os objetivos preestabelecidos.

DESENVOLVIMENTO DE TRATAMENTOS INOVADORES

Na gestão de projetos voltados para o desenvolvimento de medicamentos e tratamentos inovadores, a IA emerge como uma aliada crucial. Ao analisar vastos conjuntos de dados médicos, a IA reduz consideravelmente os prazos de pesquisa, promovendo avanços significativos na área da saúde. Essa aplicação não apenas acelera a entrega de soluções terapêuticas, mas também destaca a IA como uma força propulsora na gestão estratégica desses projetos fundamentais para a saúde global.

DIAGNÓSTICO PRECISO DE DOENÇAS

No âmbito do diagnóstico médico, a IA se destaca ao aplicar técnicas de aprendizado de máquina na análise de imagens médicas. Essa abordagem não apenas aprimora a precisão diagnóstica, mas redefine a gestão de projetos de saúde ao oferecer diagnósticos mais rápidos e assertivos. A gestão eficaz desses projetos resulta em tratamentos mais eficientes e personalizados.

OTIMIZAÇÃO DE PROCESSOS DE PRODUÇÃO

Na gestão de projetos manufatureiros, a IA desempenha um papel crucial na otimização de tarefas, como montagem e embalagem. Sistemas inteligentes baseados em IA adaptam dinamicamente os processos, garantindo eficiência operacional e redução de custos. Destacar a gestão eficaz desses projetos enfatiza a importância da IA como uma ferramenta estratégica na condução de iniciativas complexas na indústria.

MELHORIA DA QUALIDADE DOS PRODUTOS

A gestão de qualidade na produção é aprimorada significativamente pela IA, que utiliza técnicas de visão computacional para identificar defeitos em tempo real. Esse enfoque não apenas reduz desperdícios, mas reforça a gestão de projetos ao proporcionar produtos de qualidade superior. Destacar a eficácia da IA na gestão de projetos manufatureiros ressalta sua contribuição na entrega de resultados excepcionais.

AUTOMAÇÃO DE PROCESSOS DE DESENVOLVIMENTO DE SOFTWARE

A Inteligência Artificial assume um papel protagonista na automação de tarefas de codificação, teste e depuração. Essa automação ágil não apenas acelera o ciclo de vida do desenvolvimento de software, mas também destaca a IA como uma ferramenta indispensável na gestão de projetos tecnológicos. A eficiência alcançada pela IA na gestão desses projetos ressalta sua importância na entrega pontual e eficaz de soluções digitais.

SEGURANÇA CIBERNÉTICA AVANÇADA

A gestão proativa de ameaças cibernéticas é fortalecida pela aplicação da IA na detecção de atividades suspeitas. Algoritmos avançados analisam padrões de comportamento, reforçando as defesas cibernéticas. Destacar a gestão eficaz desses projetos de segurança cibernética evidencia a capacidade da IA em proteger dados críticos, destacando seu papel na segurança e gestão responsável de projetos na era digital.

Esses exemplos impressionantes reforçam não apenas a aplicabilidade, mas a necessidade crescente da IA na gestão de projetos. A versatilidade dessas soluções destaca sua capacidade de otimizar processos, impulsionar a inovação e melhorar a qualidade dos resultados na condução eficaz de projetos consolidando a IA como uma ferramenta transformadora e indispensável na gestão estratégica de projetos em diversos setores.

3. DESAFIOS E CONSIDERAÇÕES ÉTICAS

"Com grandes poderes vêm grandes responsabilidades", esse mantra deveria guiar todo Gestor de Projetos. Apesar das vantagens notáveis, a integração da Inteligência Artificial na gestão de projetos apresenta desafios éticos que demandam atenção e abordagem responsável. Além dos pontos já mencionados, vale destacar e aprofundar alguns elementos:

PRIVACIDADE E SEGURANÇA

O manuseio de dados sensíveis durante a aplicação da IA intensifica as preocupações relacionadas à privacidade e segurança. Para garantir a integridade dos dados e conformidade com regulamentações como GDPR e outras normativas locais, são necessárias medidas robustas. Além disso, a proteção contra ameaças cibernéticas torna-se uma parte crucial da gestão ética de projetos impulsionados por IA. Estratégias avançadas de segurança da informação, criptografia robusta e práticas de gestão de acesso são essenciais para mitigar riscos e proteger a confidencialidade dos dados.

VIÉS ALGORÍTMICO

A presença de viés em algoritmos de IA, proveniente dos dados utilizados para treiná-los, é uma preocupação ética que demanda atenção. A mitigação desse viés não apenas exige a identificação e correção de padrões discriminatórios, mas também implica em estabelecer práticas contínuas de monitoramento e revisão ética dos modelos. A transparência no processo de treinamento, a diversificação das fontes de dados e a implementação de auditorias periódicas são estratégias cruciais para garantir que a IA tome decisões justas e imparciais.

ACEITAÇÃO E ADOÇÃO

A resistência à mudança e a aceitação da IA pela equipe de projeto representam desafios humanos fundamentais. A gestão ética dessas questões demanda esforços proativos para educar, envolver e comunicar claramente os benefícios da IA. É crucial incluir os membros da equipe no processo de integração. Isso implica ouvir suas preocupações, fornecer treinamento adequado e demonstrar os ganhos tangíveis que a IA pode trazer para suas atividades diárias. Ademais, a construção de uma cultura que celebra a colaboração entre humanos e tecnologia é essencial para promover uma aceitação positiva e garantir uma transição suave na adoção da IA.

TRANSPARÊNCIA NAS DECISÕES AUTOMATIZADAS

A transparência no processo decisório automatizado é crucial para estabelecer a confiança dos *stakeholders*. Isso implica em fornecer explicações claras sobre como as decisões são alcançadas, quais critérios são considerados e como os dados são utilizados. Além disso, a prestação de contas em relação às decisões tomadas pela IA é essencial para garantir a responsabilidade e legitimidade. Ferramentas de explicabilidade em IA, que possibilitam a compreensão do raciocínio por trás das decisões, são componentes valiosos para alcançar essa transparência.

5

FERRAMENTAS DE IA NA GESTÃO DE PROJETOS

No capítulo anterior, exploramos os princípios fundamentais da gestão de projetos com base no Guia PMBOK, que identifica 10 áreas de conhecimento cruciais: Integração, Escopo, Cronograma, Custos, Qualidade, Recursos, Comunicações, Riscos, Aquisições e Partes Interessadas.

No entanto, compreendemos que a gestão de projetos não é uma empreitada simples, pois enfrenta diversos desafios incluindo a gestão de mudanças, lidar com incertezas, gerenciar conflitos, enfrentar restrições e gerir expectativas.

Nesse contexto desafiador, a Inteligência Artificial emerge como uma poderosa aliada para os gestores de projetos. A IA proporciona soluções que podem otimizar os processos, aumentar a eficiência, aprimorar a tomada de decisões e reduzir os riscos associados aos projetos.

O Instituto de Gerenciamento de Projetos (*Project Management Institute* – PMI) destaca-se como uma das principais associações para profissionais de gerenciamento de projetos e propõe algumas ferramentas de IA que podem ser implementadas na gestão de projetos.

Além das ferramentas recomendadas pelo PMI, existem outras soluções no campo da IA que se mostram valiosas para a gestão de projetos.

A seguir estas ferramentas adicionais, suas aplicações específicas e os benefícios que proporcionam no contexto da gestão de projetos separadas pelas áreas de conhecimento do PMBOK.

Fonte: Project Management Institute (PMI®)

1. FERRAMENTAS DE IA DE ACORDO COM O PMBOK

Faremos agora uma análise sobre a aplicação da Inteligência Artificial em cada área de conhecimento do PMBOK e examinaremos, de forma mais detalhada, as principais ferramentas de software de gerenciamento de projetos baseadas em IA que estão atualmente disponíveis no mercado.

Esse enfoque permitirá uma compreensão mais abrangente das contribuições da IA no contexto do gerenciamento de projetos e fornecerá entendimentos sobre as opções tecnológicas disponíveis para profissionais dessa área.

INTEGRAÇÃO DE PROJETOS

A integração é a área de conhecimento que trata das dependências e inter-relações entre todas as áreas e processos de gerenciamento de projetos. Gerenciar a integração envolve garantir que os componentes do projeto trabalhem bem juntos e que o mesmo esteja alinhado com os objetivos estratégicos da organização.

A IA pode auxiliar na integração de projetos de diversas formas:

:: Automatizando tarefas rotineiras, como preenchimento de relatórios, agendamento de reuniões e atualização de cronogramas.

:: Analisando dados históricos e atuais para gerar entendimentos e recomendações sobre o desempenho e o progresso do projeto.

:: Utilizando *chatbots* e assistentes virtuais para facilitar a comunicação e a colaboração entre os membros da equipe e as partes interessadas.

:: Monitorando e controlando as mudanças no projeto, avaliando o impacto e a viabilidade das solicitações.

Algumas ferramentas de software de gerenciamento de projetos de IA que podem ajudar na integração são:

MONDAY.COM

Plataforma de gerenciamento de trabalho que permite criar fluxos de trabalho personalizados, automatizar processos, visualizar dados e integrar diversas ferramentas.

SMART SUITE

Solução de análise preditiva que utiliza IA para gerar previsões, cenários e recomendações sobre o projeto, além de fornecer um painel de controle interativo.

MOVIMENTO

Ferramenta de planejamento integrado de projetos e gerenciamento de calendário, que utiliza IA para otimizar a alocação de recursos, o sequenciamento de tarefas e a resolução de conflitos.

ESCOPO DO PROJETO

É a área de conhecimento que define e controla o que faz e o que não faz parte do projeto evitando que o mesmo se expanda de forma inadequada. Gerenciar o escopo envolve coletar os requisitos, definir o escopo, criar a Estrutura Analítica do Projeto (EAP), validar o escopo e controlar as mudanças.

A IA pode auxiliar no gerenciamento do escopo de diversas formas:

:: Utilizando Processamento de Linguagem Natural (PLN) para extrair e analisar os requisitos a partir de documentos, e-mails e conversas.

:: Utilizando Aprendizado de Máquina para classificar e priorizar os requisitos e identificar as dependências e os riscos associados.

:: Utilizando algoritmos genéticos para gerar e otimizar a EAP, considerando os recursos, o tempo e o custo do projeto.

:: Utilizando redes neurais para validar o escopo e detectar possíveis inconsistências ou lacunas.

Algumas ferramentas de software de gerenciamento de projetos de IA que podem ajudar no escopo são:

ASANA

Ferramenta de gerenciamento de projetos e tarefas que permite capturar, organizar e priorizar os requisitos, além de criar e compartilhar a EAP.

TRELLO

Ferramenta de gerenciamento de projetos baseada em quadros e cartões, que permite definir e controlar o escopo de forma visual e colaborativa.

SCOPEAI

Ferramenta de análise de requisitos que utiliza PLN para extrair informações relevantes de documentos e conversas e gerar relatórios e recomendações.

CRONOGRAMA DO PROJETO

É a área de conhecimento que trata do planejamento, execução e controle das atividades e dos marcos do projeto visando cumprir os prazos estabelecidos. Gerenciar o cronograma envolve definir as atividades, estimar as durações, sequenciar as dependências, desenvolver e controlar o cronograma.

A IA pode auxiliar no gerenciamento do cronograma de diversas formas, como:

:: Utilizando Aprendizado de Máquina para estimar as durações das atividades com base em dados históricos e atuais, considerando fatores como complexidade, recursos e riscos.

:: Utilizando algoritmos de otimização para sequenciar as atividades e definir o caminho crítico do projeto, minimizando o tempo total e maximizando o valor entregue.

:: Utilizando IA para monitorar o andamento das atividades e alertar sobre possíveis atrasos, desvios ou conflitos no cronograma.

Algumas ferramentas de software de gerenciamento de projetos de IA que podem ajudar no cronograma são:

WRIKE

Ferramenta de gerenciamento de projetos que permite criar e atualizar o cronograma de forma dinâmica, utilizando gráficos de Gantt, calendários e painéis.

FORECAST

Ferramenta de gerenciamento de projetos que utiliza IA para estimar as durações das atividades, alocar os recursos e ajustar o cronograma conforme as mudanças.

CLARIZEN

Ferramenta de gerenciamento de projetos que utiliza IA para analisar o desempenho do cronograma, identificar gargalos e sugerir ações corretivas.

CUSTOS DO PROJETO

Área de conhecimento que trata do planejamento, estimativa, orçamento e controle dos recursos financeiros do projeto, visando cumprir o orçamento aprovado. Gerenciar os custos envolve estimar os custos das atividades, determinar o orçamento, controlar os custos e gerenciar as mudanças.

A IA pode auxiliar no gerenciamento dos custos de diversas formas:

:: Utilizando Aprendizado de Máquina para estimar os custos das atividades com base em dados históricos e atuais considerando fatores como escopo, tempo, qualidade e riscos.

:: Utilizando algoritmos de otimização para determinar o orçamento ótimo do projeto, maximizando o retorno sobre o investimento e minimizando os desperdícios.

:: Utilizando IA para controlar os custos e alertar sobre possíveis variações, desvios ou conflitos no orçamento.

Algumas ferramentas de software de gerenciamento de projetos de IA que podem ajudar nos custos são:

ZOHO PROJECTS

Ferramenta de gerenciamento de projetos que permite criar e gerenciar o orçamento do projeto, utilizando gráficos, relatórios e painéis.

SCORO

Ferramenta de gerenciamento de projetos que utiliza IA para estimar e controlar os custos do projeto, além de gerar faturas e cobranças automáticas.

PROPHIX

Ferramenta de gerenciamento de projetos que utiliza IA para analisar o desempenho dos custos, identificar tendências e padrões e sugerir ações preventivas ou corretivas.

QUALIDADE DO PROJETO

A gestão da qualidade diz respeito aos padrões de qualidade do projeto e do produto, com o objetivo de atender ou superar as expectativas dos clientes e partes interessadas. Gerenciar a qualidade envolve o planejamento, a execução e o controle dos aspectos qualitativos.

A IA pode desempenhar um papel significativo no gerenciamento da qualidade, oferecendo diversas formas de assistência:

:: Utilizando Aprendizado de Máquina para definir e monitorar os indicadores de qualidade do projeto, com base em dados históricos e atuais, considerando fatores como escopo, tempo, custo e riscos.

:: Utilizando PLN para analisar o feedback dos clientes e das partes interessadas e identificar as necessidades, as preferências e os níveis de satisfação.

:: Utilizando visão computacional para inspecionar e testar o produto, e detectar possíveis defeitos, falhas ou não conformidades.

Algumas ferramentas de software de gerenciamento de projetos de IA que podem ajudar na qualidade são:

QUALIBRATE

Ferramenta de teste automatizado que utiliza IA para simplificar e acelerar o processo de teste garantindo a qualidade e a conformidade do produto.

SURVEYMONKEY

Ferramenta de pesquisa on-line que utiliza IA para criar, analisar questionários e gerar entendimentos sobre a qualidade do projeto e do produto.

TENSORFLOW

Plataforma de IA de código aberto que permite criar e treinar modelos de visão computacional para diversas aplicações, como reconhecimento de imagem, detecção de objetos e segmentação semântica.

RECURSOS DO PROJETOS

A gestão de recursos abrange o planejamento, a aquisição, o desenvolvimento, o gerenciamento e a liberação dos elementos essenciais para a execução do projeto, os quais podem incluir recursos humanos, materiais, equipamentos, infraestrutura, entre outros. O gerenciamento eficaz dos recursos implica na definição de responsabilidades, competências, disponibilidade, alocação e motivação.

A Inteligência Artificial pode desempenhar um papel crucial na otimização da gestão de recursos, fornecendo assistência de diversas maneiras:

:: Utilizando Aprendizado de Máquina para estimar os recursos necessários para cada atividade, considerando fatores como escopo, tempo, custo e qualidade.

:: Utilizando algoritmos de otimização para alocar os recursos de forma eficiente evitando sobrecarga, ociosidade ou conflitos.

:: Utilizando PLN para facilitar o recrutamento, a avaliação e o feedback dos recursos humanos, além de promover a aprendizagem e o desenvolvimento contínuo.

:: Utilizando IA para monitorar o desempenho, a satisfação, o engajamento dos recursos e identificar oportunidades de melhoria ou reconhecimento.

Algumas ferramentas de software de gerenciamento de projetos de IA que podem ajudar nos recursos são:

ASANA

Ferramenta de gerenciamento de projetos e tarefas que permite definir as funções, as responsabilidades e as prioridades dos recursos, além de acompanhar o progresso e a produtividade.

FORECAST

Ferramenta de gerenciamento de projetos que utiliza IA para estimar e alocar os recursos considerando a demanda, a capacidade e as habilidades.

LATTICE

Ferramenta de gerenciamento de recursos humanos que utiliza IA para facilitar o feedback, a avaliação de desempenho, o reconhecimento e o desenvolvimento de carreira.

COMUNICAÇÕES

A área de Comunicações do Projeto aborda os processos relacionados à geração, coleta, distribuição, armazenamento e divulgação eficaz das informações do projeto. Gerenciar as comunicações requer a identificação das necessidades de informação das partes interessadas, a definição de meios e formatos de comunicação, o estabelecimento de responsabilidades e autoridades, o monitoramento do desempenho e satisfação das comunicações, além do gerenciamento de mudanças.

A IA pode desempenhar um papel importante no aprimoramento do gerenciamento das comunicações, oferecendo assistência de diversas maneiras:

:: Utilizando PLN para analisar e classificar as informações do projeto identificando as palavras-chave, os tópicos e as tendências.

:: Utilizando Aprendizado de Máquina para prever e recomendar as necessidades de informação das partes interessadas com base em dados históricos e atuais.

:: Utilizando *chatbots* e assistentes virtuais para responder às perguntas frequentes, fornecer orientações e feedbacks, e facilitar a interação entre as partes interessadas.

:: Utilizando IA para monitorar e analisar o desempenho e a satisfação das comunicações, identificando os problemas, as oportunidades e as tendências.

Algumas ferramentas de software de gerenciamento de projetos de IA que podem ajudar nas comunicações são:

SLACK

Plataforma de comunicação e colaboração que permite criar canais, grupos e mensagens, além de integrar diversas ferramentas e *bots*.

ZOOM

Ferramenta de videoconferência e reuniões on-line que utiliza IA para melhorar a qualidade do áudio e do vídeo, além de fornecer recursos de transcrição e tradução.

MICROSOFT TEAMS

Plataforma de comunicação e colaboração que permite criar equipes, canais e chats, além de integrar diversas ferramentas e bots na excução de tarefas automatizadas.

RISCOS DO PROJETO

A gestão de riscos abrange a identificação, a análise, a avaliação, o planejamento, o monitoramento e o controle dos riscos em um projeto, buscando minimizar ameaças e maximizar oportunidades. Envolve definir a abordagem, identificar, avaliar, planejar respostas, monitorar e controlar mudanças para garantir uma gestão eficaz dos riscos ao longo do projeto.

A IA pode auxiliar no gerenciamento dos riscos de diversas formas:

:: Utilizando Aprendizado de Máquina para identificar e classificar os riscos do projeto, com base em dados históricos e atuais, considerando fatores como escopo, tempo, custo e qualidade.

:: Utilizando algoritmos de otimização para priorizar os riscos, considerando a probabilidade e o impacto de cada um, e definir as estratégias de resposta.

:: Utilizando IA para monitorar e alertar sobre os riscos, identificando as tendências, as correlações e as causas-raiz.

Algumas ferramentas de software de gerenciamento de projetos de IA que podem ajudar nos riscos são:

RISKIQ

Ferramenta de análise de riscos que utiliza IA para identificar e avaliar os riscos de segurança cibernética, além de fornecer recomendações e alertas.

RISKSENSE

Ferramenta de gerenciamento de riscos que utiliza IA para identificar e priorizar os riscos de TI, além de fornecer relatórios e *dashboards* interativos.

RISKWATCH

Ferramenta de gerenciamento de riscos que utiliza IA para automatizar a identificação, a avaliação e o monitoramento dos riscos, além de fornecer relatórios e alertas personalizados.

AQUISIÇÕES DO PROJETO

Área de conhecimento que trata do planejamento, da seleção, do contrato, do gerenciamento e do encerramento dos fornecedores e dos contratos visando atender as necessidades e os requisitos do projeto. Gerenciar as aquisições envolve definir as estratégias, os critérios e os requisitos de aquisição, identificar e selecionar os fornecedores, negociar e assinar os contratos, gerenciar o desempenho e os pagamentos, e encerrar os contratos.

A IA pode auxiliar no gerenciamento das aquisições de diversas formas:

:: Utilizando Aprendizado de Máquina para estimar os custos e os benefícios das aquisições, com base em dados históricos e atuais, considerando fatores como escopo, tempo, qualidade e riscos.

:: Utilizando PLN para analisar e comparar as propostas dos fornecedores identificando as vantagens, as desvantagens e as oportunidades de negociação.

:: Utilizando algoritmos de otimização para selecionar os fornecedores mais adequados considerando a qualidade, o preço, a capacidade e a reputação de cada um.
:: Utilizando IA para monitorar e avaliar o desempenho dos fornecedores identificando os problemas, as oportunidades e as tendências.

Algumas ferramentas de software de gerenciamento de projetos de IA que podem ajudar nas aquisições são:

SAP ARIBA

Plataforma de compras e suprimentos que utiliza IA para automatizar e otimizar os processos de aquisição, desde a seleção até o pagamento.

COUPA

Plataforma de compras e despesas que utiliza IA para simplificar e acelerar os processos de aquisição, além de fornecer entendimentos e recomendações.

PROCUREPORT

Plataforma de compras e licitações que utiliza IA para gerenciar e monitorar as aquisições, além de fornecer relatórios e análises.

PARTES INTERESSADAS DO PROJETO

Área de conhecimento que trata da identificação, do planejamento, do gerenciamento e do engajamento das partes interessadas do projeto visando atender suas necessidades e expectativas. Gerenciar as partes interessadas envolve identificar as partes interessadas, definir as estratégias de engajamento, gerenciar as expectativas e as comunicações, monitorar o desempenho e o engajamento e gerenciar as mudanças.

A IA pode auxiliar no gerenciamento das partes interessadas de diversas formas, como:

:: Utilizando PLN para analisar e classificar as informações das partes interessadas identificando as necessidades, as preferências e as tendências.

:: Utilizando Aprendizado de Máquina para prever e recomendar as necessidades e as expectativas das partes interessadas, com base em dados históricos e atuais.

:: Utilizando *chatbots* e assistentes virtuais para responder às perguntas frequentes, fornecer orientações e feedbacks e facilitar a interação entre as partes interessadas.

:: Utilizando IA para monitorar e analisar o desempenho e o engajamento das partes interessadas identificando os problemas, as oportunidades e as tendências.

Algumas ferramentas de software de gerenciamento de projetos de IA que podem ajudar nas partes interessadas são:

STAKEHOLDER CIRCLE

Ferramenta de análise de partes interessadas que utiliza IA para identificar, classificar e priorizar as partes interessadas, além de fornecer relatórios e gráficos interativos.

ENGAGEBAY

Plataforma de engajamento de partes interessadas que utiliza IA para automatizar e personalizar as comunicações, além de fornecer entendimentos e análises.

TRELLO

Ferramenta de gerenciamento de projetos que permite criar e compartilhar as listas de partes interessadas, além de monitorar e controlar as atividades e as expectativas.

2. PLATAFORMAS DE AUTOMAÇÃO DE TAREFAS

Desempenham um papel crucial na otimização da execução de atividades rotineiras, liberando recursos humanos para focar em tarefas mais estratégicas e criativas. No âmbito do gerenciamento de projetos, essas plataformas não apenas simplificam processos, mas também oferecem funcionalidades diversas para impulsionar a eficiência e eficácia operacional.

Além disso, exploraremos alguns elementos adicionais que destacam a versatilidade dessas plataformas apresentando exemplos específicos de ferramentas que ilustram como essa automação pode contribuir de maneira significativa para a gestão de projetos.

A seguir, vamos explorar alguns elementos adicionais que destacam a versatilidade destas plataformas com exemplos de ferramentas:

INTEGRAÇÃO COM FLUXOS DE TRABALHO COMPLEXOS

Além de automatizar tarefas isoladas, as plataformas podem integrar-se perfeitamente a fluxos de trabalho complexos.

Exemplos de ferramentas e sua utilização:

JIRA AUTOMATION

Permite que usuários automatizem tarefas no Jira incluindo criação de tickets, atualização de status e envio de notificações.

ASANA AUTOMATION

Permite que usuários automatizem tarefas no Asana incluindo criação de tarefas, atribuição de tarefas e acompanhamento de progresso.

MICROSOFT POWER AUTOMATE

Permite que usuários automatizem tarefas em uma variedade de aplicativos e serviços da Microsoft, incluindo o Microsoft Teams, o SharePoint e o Office 365.

CUSTOMIZAÇÃO DE FLUXOS DE TRABALHO

A capacidade de personalizar fluxos de trabalho é um diferencial essencial. A personalização baseada em dados históricos é aprimorada pela inteligência artificial, que pode identificar correlações complexas e tendências ocultas nos registros passados dos projetos.

Exemplos de ferramentas e sua utilização:

KISSFLOW

Permite que usuários personalizem fluxos de trabalho de acordo com suas necessidades específicas.

WRIKE

Permite que usuários criem fluxos de trabalho personalizados e gerenciem seus projetos de maneira coordenada.

SMARTSHEET

Permite que usuários criem e personalizem planilhas para gerenciar projetos e dados.

INTELIGÊNCIA NA ALOCAÇÃO DE RECURSOS

Além de simplesmente atribuir tarefas as plataformas de automação inteligente consideram a habilidade, a carga de trabalho e a expertise dos membros da equipe.

Exemplos de ferramentas e sua utilização:

WORKFRONT

Utiliza IA para alocar recursos de maneira eficiente considerando as habilidades, a carga de trabalho e a disponibilidade dos membros da equipe.

TOGGL PLAN

Utiliza IA para prever a carga de trabalho e atribuir tarefas de maneira otimizada.

WRIKE

Utiliza IA para recomendar a melhor alocação de recursos para cada projeto.

NOTIFICAÇÕES PROATIVAS E COMUNICAÇÃO EFICIENTE

Além de monitorar prazos, as plataformas de automação de tarefas podem enviar notificações proativas sobre eventos críticos, alterações no escopo ou necessidades urgentes.

Exemplos de ferramentas e sua utilização:

ASANA

Permite que usuários configurem notificações personalizadas para eventos críticos como prazos próximos ou alterações no escopo.

MONDAY.COM

Permite que usuários criem fluxos de trabalho que enviam notifica-ções automáticas sobre eventos relevantes.

MICROSOFT TEAMS

Permite que usuários criem canais de comunicação para equipes e projetos facilitando o compartilhamento de informações e a colaboração.

RASTREAMENTO AVANÇADO DE ATIVOS E RECURSOS

Além de simplesmente gerar relatórios de progresso, essas plataformas oferecem rastreamento avançado de ativos e recursos.

Exemplos de ferramentas e sua utilização:

PROCORE

Utiliza IA para rastrear a utilização de recursos e identificar gargalos potenciais.

PLANGRID

Utiliza IA para rastrear o progresso de projetos de construção e identificar riscos.

PROJECT INSIGHT

Utiliza IA para rastrear o desempenho de projetos e identificar oportunidades de melhoria.

INTEGRAÇÃO COM FERRAMENTAS DE COLABORAÇÃO

Para promover a colaboração eficaz, as plataformas de automação podem integrar-se a ferramentas de colaboração como plataformas de mensagens e compartilhamento de documentos.

Exemplos de ferramentas e sua utilização:

ASANA

Integra-se ao Microsoft Teams e ao Slack para facilitar a colaboração entre equipes e projetos.

MICROSOFT TEAMS

Integra-se a uma variedade de ferramentas de colaboração incluindo o Microsoft Office 365, o SharePoint e o OneDrive.

SLACK

Integra-se a uma variedade de ferramentas de colaboração incluindo o Google Drive, o Dropbox e o GitHub.

Conforme o avanço de nossa recente história com IA, algumas empresas se destacam na sua utilização agregando valor ao negócio, as principais são:

ACCENTURE

A multinacional de tecnologia utilizou a IA para automatizar tarefas rotineiras de gerenciamento de projetos liberando recursos humanos para se concentrarem em atividades mais estratégicas.

TOYOTA

A montadora japonesa utilizou a IA para integrar fluxos de trabalho complexos de gerenciamento de projetos garantindo que todas as equipes estivessem alinhadas e trabalhando juntas de forma eficiente.

NETFLIX

Conhecida pelo seu famoso "Algoritmo do Netflix", a empresa líder no mercado de *Streaming*, utilizou a IA para alocar recursos de maneira inteligente garantindo que os projetos fossem concluídos no prazo e dentro do orçamento.

NIKE

A líder global de calçados esportivos e patrocinadora de grandes nomes do esporte mundial, também utilizou a IA para enviar notificações proativas sobre eventos críticos, permitindo que a equipe respondesse rapidamente a mudanças ou problemas.

GENERAL ELECTRIC

A empresa fundada por Thomas Edson, que se tornou um grande conglomerado de energia e tecnologia, utilizou a IA para rastrear ativos e recursos identificando oportunidades de melhoria e reduzindo custos.

As plataformas de automação de tarefas não são apenas facilitadoras de processos, mas verdadeiros catalisadores na promoção de uma gestão de projetos moderna e eficiente. Ao fornecer recursos avançados de personalização, inteligência na alocação de recursos e integração com ferramentas colaborativas, essas plataformas transcendem as expectativas oferecendo uma solução abrangente para os desafios complexos enfrentados no gerenciamento de projetos.

3. RECOMENDAÇÃO PARA TOMADA DE DECISÕES

Os sistemas de recomendação baseados em Inteligência Artificial representam uma ferramenta valiosa na tomada de decisões capacitando gestores de projetos com entendimentos personalizados e relevantes.

No contexto do gerenciamento de projetos, esses sistemas não apenas oferecem suporte, mas também aprimoram a capacidade de decisão de maneiras inovadoras.

A seguir alguns elementos adicionais:

ANÁLISE PREDITIVA E ANTECIPAÇÃO DE DESAFIOS

Os sistemas de recomendação não se limitam a avaliar dados históricos; eles utilizam técnicas avançadas de análise preditiva. Ao examinar padrões passados, esses sistemas antecipam desafios potenciais e fornecem sugestões proativas para evitar obstáculos com base em cenários previamente observados.

Exemplos de ferramentas e sua utilização:

PLANVIEW PROJECTPLACE

Utiliza IA para adaptar as estratégias de projeto às mudanças nas condições do projeto.

MONDAY.COM

Utiliza IA para gerenciar a complexidade de projetos dinâmicos.

ASANA

Utiliza IA para automatizar tarefas e otimizar o fluxo de trabalho.

ADAPTAÇÃO DINÂMICA A MUDANÇAS DE PROJETO

Além de sugerir abordagens eficazes com base em dados históricos, esses sistemas são capazes de se adaptar dinamicamente a mudanças nas condições do projeto. Isso garante que as recomendações permaneçam relevantes e alinhadas aos objetivos mesmo em cenários de rápida evolução oferecendo uma abordagem flexível e adaptável.

Exemplos de ferramentas e sua utilização:

PLANVIEW PROJECTPLACE

Utiliza IA para adaptar as estratégias de projeto às mudanças nas condições do projeto.

MONDAY.COM

Utiliza IA para gerenciar a complexidade de projetos dinâmicos.

ASANA

Utiliza IA para automatizar tarefas e otimizar o fluxo de trabalho.

APRIMORAMENTO CONTÍNUO COM *MACHINE LEARNING*

A capacidade de aprendizado contínuo é um diferencial significativo. Sistemas de recomendação que utilizam técnicas de *Machine Learning* ajustam suas recomendações com base no feedback e nos resultados obtidos.

Essa característica permite uma melhoria contínua garantindo que as sugestões se tornem mais precisas e alinhadas com as particularidades de cada projeto ao longo do tempo.

Exemplos de ferramentas e sua utilização:

SMARTSHEET
Utiliza *Machine Learning* para melhorar a precisão das previsões e recomendações.

WRIKE
Utiliza *Machine Learning* para personalizar as experiências dos usuários.

MICROSOFT PROJECT
Utiliza *Machine Learning* para automatizar tarefas e melhorar a eficiência.

INTEGRAÇÃO COM DIVERSAS FONTES DE DADOS

Além de analisar dados específicos do projeto, sistemas de recomendação podem integrar informações de diversas fontes. Isso inclui dados externos, *benchmarks* da indústria e tendências globais. Essa abordagem mais abrangente amplia a base de conhecimento resultando em recomendações mais informadas e contextualmente relevantes.

Exemplos de ferramentas e sua utilização:

PROJECT INSIGHT
Integra-se a uma variedade de fontes de dados incluindo dados internos, dados externos e dados de terceiros.

PROCORE
Integra-se a uma variedade de ferramentas e sistemas de construção.

ORACLE PRIMAVERA P6
Integra-se a uma variedade de sistemas de ERP e CRM.

AVALIAÇÃO DINÂMICA DE COMPETÊNCIAS DA EQUIPE

Além de recomendar alocações de recursos com base em padrões de desempenho, esses sistemas avaliam dinamicamente as competências individuais da equipe. Ao considerar habilidades específicas e experiências anteriores as recomendações são personalizadas para maximizar a eficácia da equipe em cada fase do projeto.

Exemplos de ferramentas e sua utilização:

WORKFRONT

Utiliza IA para avaliar as competências individuais da equipe e alocar recursos de maneira mais eficaz.

TOGGL PLAN

Utiliza IA para recomendar alocações de recursos com base nas habilidades e experiências da equipe.

WRIKE

Utiliza IA para sugerir alocações de recursos que maximizem a produtividade da equipe.

SIMULAÇÕES PARA ESTRATÉGIAS DE MITIGAÇÃO DE RISCOS

Além de sugerir estratégias de mitigação de riscos, alguns sistemas de recomendação incorporam simulações para avaliar a eficácia dessas estratégias. Isso permite uma tomada de decisão mais fundamentada, com entendimento sobre o impacto potencial de diferentes abordagens na gestão de riscos.

Exemplos de ferramentas e sua utilização:

RISKLENS

Utiliza simulações para avaliar a eficácia de diferentes estratégias de mitigação de riscos.

THRIVE

Software que utiliza simulações para identificar e mitigar riscos potenciais.

SPIRAPLAN

Utiliza simulações para avaliar o impacto de diferentes cenários de risco.

Esses aprimoramentos destacam que os sistemas de recomendações vão além de simples sugestões, eles se tornam parceiros estratégicos na tomada de decisões, oferecendo uma gama diversificada de funcionalidades que aprimoram a eficiência, a adaptabilidade e a precisão na gestão de projetos.

Ao incorporar técnicas avançadas como análise preditiva e aprendizado contínuo, esses sistemas se posicionam como ativos cruciais para gestores de projetos modernos que buscam alcançar resultados excepcionais.

4. ANÁLISE PREDITIVA E PREVENTIVA

Ferramentas de análise preditiva e preventiva são fundamentais para antecipar desafios e aprimorar a eficácia na gestão de projetos desempenhando um papel estratégico ao proporcionar uma visão proativa. Essas ferramentas não só preveem cenários futuros, mas também incorporam aprimoramentos significativos à abordagem tradicional.

ANÁLISE PREDITIVA AVANÇADA
PARA ATRASOS NO CRONOGRAMA

Além de prever possíveis atrasos no cronograma por meio de análises de dados, as ferramentas avançadas de análise preditiva utilizam modelos complexos.

Esses modelos incorporam variáveis dinâmicas considerando não apenas o histórico, mas também fatores externos e dinâmicas de equipe para uma previsão mais precisa e abrangente.

Exemplos de ferramentas e sua utilização:

PROMETHEUS

Baseado em dados históricos incorpora fatores externos e dinâmicas de equipe, esses dados podem incluir informações sobre o escopo, o cronograma, o orçamento e os recursos usados.

QLIK SENSE

Permite que os gestores de projetos usem uma variedade de técnicas de análise preditiva incluindo regressão, classificação e análise de séries temporais.
:: Microsoft Power BI: permite que os gestores de projetos usem uma variedade de técnicas de análise preditiva, incluindo regressão, classificação e análise de séries temporais.

MONITORAMENTO INTELIGENTE DE INDICADORES-CHAVE

Além de identificar riscos potenciais, essas ferramentas proporcionam monitoramento inteligente de indicadores-chave. Isso inclui uma análise constante da saúde do projeto em tempo real permitindo uma resposta imediata a sinais de alerta e uma adaptação dinâmica às mudanças nas condições do projeto.

Exemplos de ferramentas e sua utilização:

PROJECT INSIGHT

Integra-se a uma variedade de fontes de dados, incluindo dados internos, dados externos e dados de terceiros.

PROCORE

Integra-se a uma variedade de ferramentas e sistemas de construção.

ORACLE PRIMAVERA P6

Integra-se a uma variedade de sistemas de ERP e CRM.

AVALIAÇÃO DE IMPACTO COM SIMULAÇÕES DE CENÁRIOS DIVERSIFICADOS

As ferramentas não se limitam a sugerir ajustes proativos; elas incorporam simulações detalhadas. Essas simulações oferecem uma

avaliação do impacto potencial de diferentes cenários permitindo que gestores de projetos visualizem as consequências de suas decisões antes de implementá-las promovendo uma tomada de decisão mais informada.

Exemplos de ferramentas e sua utilização:

RISKLENS

Utiliza simulações para avaliar a eficácia de diferentes estratégias de mitigação de riscos.

THRIVE

Software que utiliza simulações para identificar e mitigar riscos potenciais.

SPIRAPLAN

Utiliza simulações para avaliar o impacto de diferentes cenários de risco.

INTELIGÊNCIA CONTEXTUAL PARA SUGESTÃO DE AJUSTES ESTRATÉGICOS

Ir além da sugestão genérica de ajustes, as ferramentas de análise preditiva trazem inteligência contextual. Ao considerar a dinâmica específica do projeto, a cultura da equipe e as nuances do setor as sugestões se tornam mais alinhadas com a realidade do projeto proporcionando soluções personalizadas e estratégicas.

Exemplos de ferramentas e sua utilização:

WORKFRONT

Utiliza IA para avaliar as competências individuais da equipe e alocar recursos de maneira mais eficaz.

TOGGL PLAN

Utiliza IA para recomendar alocações de recursos com base nas habilidades e experiências da equipe.

WRIKE

Utiliza IA para sugerir alocações de recursos que maximizem a produtividade da equipe.

AVALIAÇÃO CONTÍNUA DO DESEMPENHO DA ESTRATÉGIA ADOTADA

Além de elevar a qualidade das decisões, essas ferramentas oferecem uma avaliação contínua do desempenho da estratégia adotada. Isso não apenas valida a eficácia das decisões tomadas, mas também fornece entendimentos valiosos para refinamentos contínuos garantindo uma gestão adaptativa e orientada para resultados ao longo do ciclo de vida do projeto.

Exemplos de ferramentas e sua utilização:

PROJECT INSIGHT

Integra-se a uma variedade de fontes de dados incluindo dados internos, dados externos e dados de terceiros.

PROCORE

Integra-se a uma variedade de ferramentas e sistemas de construção.

ORACLE PRIMAVERA P6

Integra-se a uma variedade de sistemas de ERP e CRM.

ACESSO INTEGRADO A FONTES DE DADOS EXTERNOS E INTERNOS

Para uma visão abrangente essas ferramentas se integram a fontes de dados externos e internos. Além de analisar dados internos do projeto, incorporam informações externas, como *benchmarks* setoriais e tendências globais proporcionando uma base mais robusta para a análise preditiva.

Exemplos de ferramentas e sua utilização:

PROMETHEUS

Utiliza IA para prever riscos e oportunidades permitindo que os gestores de projetos tomem decisões mais informadas.

QLIK SENSE

Utiliza IA para identificar padrões e tendências ajudando os gestores de projetos a anteciparem desafios e oportunidades.

MICROSOFT POWER BI

Utiliza IA para gerar entendimentos personalizados permitindo que os gestores de projetos tomem decisões mais assertivas.

FEEDBACK ITERATIVO PARA APRIMORAMENTO CONTÍNUO

A incorporação de feedback iterativo é um elemento-chave. Essas ferramentas aprendem com cada decisão e resultado aprimorando suas capacidades ao longo do tempo. Essa abordagem de aprendizado contínuo garante que as ferramentas estejam sempre atualizadas e alinhadas com as mudanças no ambiente do projeto.

Exemplos de ferramentas e sua utilização:

SMARTSHEET

Utiliza *Machine Learning* para melhorar a precisão das previsões e recomendações.

WRIKE

Utiliza *Machine Learning* para personalizar as experiências dos usuários.

MICROSOFT PROJECT

Utiliza *Machine Learning* para automatizar tarefas e melhorar a eficiência.

Exemplificando a aplicação eficaz das ferramentas mencionadas, destacam-se duas empresas que têm aproveitado plenamente esses recursos inovadores para impulsionar seu sucesso e alcançar resultados notáveis:

PROCORE

A gigante americana de carpintaria utilizou acesso integrado a fontes de dados externos e internos para obter uma visão mais abrangente de seus projetos de construção. Isso permitiu que a empresa tomasse decisões mais informadas e otimizasse seus recursos.

ORACLE

A multinacional de especialista em Banco de Dados utilizou feedback iterativo para aprimoramento contínuo de sua ferramenta de gerenciamento de projetos Primavera P6. Isso permitiu que a ferramenta se tornasse mais precisa e eficaz ao longo do tempo.

A aplicação sinérgica dessas ferramentas avançadas de análise preditiva e preventiva não apenas simplifica processos, mas redefine a gestão de projetos para um novo patamar. Ao elevar a capacidade de previsão, adaptabilidade e personalização, essas ferramentas se tornam catalisadores para um ambiente de projeto mais eficiente, adaptável e orientado para resultados excepcionais.

6

ESTUDOS DE CASO
E EXEMPLOS PRÁTICOS

Ao longo da minha pesquisa para escrever este livro, mesmo abordando ferramentas e suas utilizações, me deparei com relatos de vários Gestores de Projetos questionando um ganho efetivo de produtividade no trabalho.

O dia a dia de um gestor é cheio de reuniões internas, com fornecedores e com clientes e por isso acabamos fazendo uso da famosa frase "Em time que está ganhado não se mexe", as ferramentas mencionadas nos capítulos anteriores desmistificam essa frase.

Dessa forma nos próximos tópicos irei mencionar diversas organizações que adotaram IA em sua gestão de projetos e tiveram vários benefícios, principalmente no ganho de tempo, reforçando outra famosa frase adaptada do inglês "Tempo é Dinheiro".

1. CASOS DE SUCESSO NA ADOÇÃO DE IA EM PROCESSOS DE GESTÃO DE PROJETOS

A Inteligência Artificial está rapidamente se tornando uma ferramenta essencial para o gerenciamento de projetos.

As organizações que estão adotando a IA estão obtendo uma série de benefícios, incluindo:

MELHOR TOMADA DE DECISÃO

A IA pode ajudar os Gerentes de Projetos a analisarem grandes quantidades de dados para identificar tendências e padrões que podem ajudá-los a tomar decisões mais informadas.

AUMENTO DA PRODUTIVIDADE

A IA pode automatizar tarefas repetitivas e manuais liberando os Gerentes de Projetos para se concentrarem em tarefas mais estratégicas.

REDUÇÃO DE RISCOS

A IA pode ajudar os Gerentes de Projetos a identificarem e mitigar riscos potenciais melhorando as chances de sucesso do projeto.

EXEMPLOS DE ORGANIZAÇÕES QUE IMPLEMENTARAM COM SUCESSO A IA EM GERENCIAMENTO DE PROJETOS:

:: A **General Electric (GE)** usa a IA para automatizar tarefas de planejamento e gerenciamento de projetos, como a criação de cronogramas e estimativas de custos. A empresa estima que a IA economiza a seus Gerentes de Projetos cerca de 20% do tempo.

:: A **Boeing** usa a IA para analisar dados de sensores e sistemas de aeronaves para identificar problemas potenciais. A empresa estima que a IA ajudou a reduzir o número de defeitos em seus produtos em 20%.

:: A **Shell** usa a IA para otimizar seus processos de exploração e produção de petróleo e gás. A empresa estima que a IA ajudou a reduzir seus custos de produção em 15%.

:: A **Netflix** usa a IA para recomendar filmes e programas de TV aos seus assinantes. A empresa estima que a IA ajudou a aumentar a satisfação de seus assinantes em 20%.

Esses são apenas alguns exemplos de como a IA pode ser usada para melhorar o gerenciamento de projetos. À medida que a tecnologia continua a se desenvolver é provável que vejamos ainda mais organizações adotando a IA para melhorar a eficiência e a eficácia de seus projetos.

A seguir casos de uso específicos de IA em gerenciamento de projetos:

PLANEJAMENTO E ESTIMATIVA

A IA pode ser usada para automatizar tarefas de planejamento e estimativa como a criação de cronogramas, estimativas de custos e cronogramas de recursos. Isso pode liberar os Gerentes de Projetos para se concentrarem em tarefas mais estratégicas.

MONITORAMENTO E CONTROLE

A IA pode ser usada para monitorar o progresso dos projetos e identificar desvios do plano. Isso pode ajudar os Gerentes de Projetos a tomar medidas corretivas antecipadamente.

RISCO E CONFORMIDADE

A IA pode ser usada para identificar e mitigar riscos potenciais. Isso pode ajudar a proteger os projetos de atrasos, custos extras e outros problemas.

COMUNICAÇÃO E COLABORAÇÃO

A IA pode ser usada para melhorar a comunicação e colaboração entre as partes interessadas do projeto. Isso pode ajudar a garantir que todos estejam na mesma página e que o projeto esteja no caminho certo.

Organizações que estão considerando adotar IA em Gestão de Projetos devem levar em consideração os seguintes fatores:

OS OBJETIVOS DO PROJETO

Melhoria em uma variedade de aspectos do gerenciamento de projetos. As organizações devem identificar os objetivos específicos que desejam alcançar com a IA.

OS DADOS DISPONÍVEIS

A IA requer dados para treinar e operar. As organizações devem avaliar os dados que estão disponíveis para garantir que sejam suficientes para apoiar os objetivos da IA.

AS HABILIDADES E RECURSOS NECESSÁRIOS

A implementação da IA requer habilidades e recursos específicos. As organizações devem avaliar se possuem as habilidades e recursos necessários para implementar a IA com sucesso.

A IA é uma tecnologia poderosa que pode revolucionar o gerenciamento de projetos. As organizações que estão prontas para adotar a IA podem obter uma série de benefícios, incluindo:
:: Melhor tomada de decisão.
:: Aumento da produtividade.
:: Redução de riscos.

2. LIÇÕES APRENDIDAS E MELHORES PRÁTICAS

À medida que as organizações se tornam mais confortáveis com a tecnologia, elas começam a explorar maneiras de usar a IA para melhorar a eficiência e a eficácia de seus projetos. No entanto, a adoção da IA também pode ser desafiadora. É importante aprender com as experiências de outras organizações e implementar melhores práticas para garantir o sucesso.

Algumas lições aprendidas e melhores práticas na adoção de IA em gerenciamento de projetos:

COMECE COM UMA ESTRATÉGIA CLARA

Antes de começar a implementar a IA é importante ter uma estratégia clara. Quais são os objetivos que você deseja alcançar com a IA? Quais áreas do gerenciamento de projetos você deseja automatizar ou melhorar? Uma estratégia clara ajudará a garantir que você esteja no caminho certo e que esteja usando a IA de forma eficaz.

AVALIE SEUS DADOS

A IA requer dados para treinar e operar. É importante avaliar os dados que você tem disponíveis para garantir que sejam suficientes para apoiar os objetivos da IA. Se você não tiver dados suficientes, pode precisar coletar novos dados ou usar técnicas de pré-processamento de dados para melhorar a qualidade dos dados existentes.

OBTENHA O APOIO DA LIDERANÇA

A adoção da IA requer um investimento significativo de tempo, recursos e esforço. É importante obter o apoio da liderança da organização para garantir que a adoção da IA seja bem-sucedida. A liderança deve entender os benefícios da IA e estar disposta a investir nos recursos necessários para a implementação.

TREINE E CAPACITE SEUS FUNCIONÁRIOS

A IA requer novas habilidades e conhecimentos. É importante treinar e capacitar seus funcionários para que eles possam aproveitar ao máximo a IA. O treinamento deve cobrir os fundamentos da IA e o uso das ferramentas e técnicas específicas que você está implementando.

SEJA FLEXÍVEL E ADAPTÁVEL

A IA é uma tecnologia em constante evolução. É importante ser flexível e adaptável para que você possa acompanhar as últimas tendências e desenvolvimentos.

Você também deve estar preparado para ajustar sua estratégia e abordagem à medida que aprende mais sobre a IA e como ela pode ser usada em seu contexto específico.

Ao seguir essas lições aprendidas e melhores práticas, você pode aumentar as chances de sucesso na adoção da IA em gerenciamento de projetos:
:: Comece com projetos pequenos e simples

Não tente implementar a IA em projetos complexos de imediato. Comece com projetos pequenos e simples para ganhar experiência e confiança.

:: Faça um piloto

Antes de implementar a IA em toda a organização, faça um piloto em um pequeno grupo de projetos. Isso o ajudará a identificar quaisquer problemas ou desafios que possam surgir.

:: Meça o sucesso

É importante medir o sucesso da adoção da IA. Isso o ajudará a determinar se a IA está atendendo aos seus objetivos.

Ao enxergar a adoção da IA como uma jornada em constante evolução, sua organização estará mais bem preparada para enfrentar os desafios emergentes e capitalizar as oportunidades proporcionadas por essa tecnologia dinâmica. A abordagem estratégica, aliada à preparação meticulosa e à adesão às melhores práticas, pavimenta o caminho para um sucesso duradouro na incorporação da IA em sua estratégia empresarial.

7

DESAFIOS ÉTICOS E JURIDICOS

As ferramentas de *Large Language Model* (ChatGPT, BARD entre outras) são exemplos de IA "treinadas", que utilizam grandes quantidades de dados para gerar textos de forma automática e criativa. Diferentemente de buscadores como o Google ou o Bing elas não têm acesso direto à internet, logo não podem consultar ou divulgar informações confidenciais de usuários, instituições privadas ou agências governamentais.

No entanto, isso não significa que a IA esteja imune a problemas relacionados a informações proprietárias como reportagens jornalísticas, artigos acadêmicos e publicações autorais, que podem estar presentes nos dados usados para treinar as ferramentas.

Por isso é muito importante ter uma visão ética e jurídica sobre a utilização dessas ferramentas, pois elas podem gerar textos que se assemelham ou reproduzam conteúdos protegidos por direitos autorais. Nesse caso quem será o proprietário dessa informação? O usuário que solicitou o texto, a ferramenta que gerou o texto ou o autor original do conteúdo? Essa é uma questão complexa e ainda sem uma resposta definitiva.

1. QUESTÕES ÉTICAS RELACIONADAS AO USO DE IA

O uso da Inteligência Artificial levanta uma série de questões éticas, algumas das mais importantes relacionadas ao uso da IA incluem:

PRIVACIDADE E SEGURANÇA

A IA requer grandes quantidades de dados para treinar e operar. Esses dados podem incluir informações pessoais sensíveis como informações de saúde, registros financeiros ou dados de localização. É importante proteger esses dados contra acesso não autorizado ou uso indevido.

VIÉS E DISCRIMINAÇÃO

Os sistemas de IA são treinados em dados que refletem os preconceitos e discriminações da sociedade. Isso pode levar a sistemas de IA que são discriminatórios contra certos grupos de pessoas. É importante garantir que os sistemas de IA sejam treinados em dados representativos e que sejam desenvolvidos com mecanismos para mitigar o viés.

RESPONSABILIDADE

Os sistemas de IA são complexos e podem tomar decisões que têm um impacto significativo na vida das pessoas. É importante determinar quem é responsável pelas ações dos sistemas de IA.

IMPACTO SOCIAL

O uso da IA pode ter um impacto significativo na sociedade, tanto positivo quanto negativo. É importante considerar os possíveis impactos sociais do uso da IA antes de implementá-la.

Algumas maneiras de abordar as questões éticas relacionadas ao uso da IA:

DESENVOLVIMENTO DE DIRETRIZES E PADRÕES

É importante desenvolver diretrizes e padrões para o desenvolvimento e uso da IA. Essas diretrizes devem ajudar a garantir que a IA seja usada de forma ética e responsável.

EDUCAÇÃO E CONSCIENTIZAÇÃO

É importante educar o público sobre as questões éticas relacionadas ao uso da IA. Isso ajudará a promover a conscientização sobre essas questões e a aumentar a responsabilidade no uso da IA.

PESQUISA E DESENVOLVIMENTO

É importante investir em pesquisa e desenvolvimento para encontrar maneiras de mitigar os riscos éticos associados ao uso da IA.

2. REGULAMENTAÇÕES E CONFORMIDADE LEGAL

O uso da IA também levanta uma série de questões legais que precisam ser consideradas. Aqui estão alguns dos principais regulamentos e requisitos legais que devem ser considerados no desenvolvimento e uso da IA:

PROTEÇÃO DE DADOS

A IA requer grandes quantidades de dados para treinar e operar. Esses dados podem incluir informações pessoais sensíveis como informações de saúde, registros financeiros ou dados de localização. É importante proteger esses dados contra acesso não autorizado ou uso indevido.

DISCRIMINAÇÃO

Os sistemas de IA são treinados em dados que refletem os preconceitos e discriminações da sociedade. Isso pode levar a sistemas de IA que são discriminatórios contra certos grupos de pessoas. É importante garantir que os sistemas de IA sejam treinados em dados representativos e que sejam desenvolvidos com mecanismos para mitigar o viés.

RESPONSABILIDADE

Os sistemas de IA são complexos e podem tomar decisões que têm um impacto significativo na vida das pessoas. É importante determinar quem é responsável pelas ações dos sistemas de IA.

SEGURANÇA

Os sistemas de IA podem ser usados para fins maliciosos, como ataques cibernéticos ou propaganda. É importante garantir que os sistemas de IA sejam seguros e não sejam usados para fins prejudiciais.

Exemplos de como esses regulamentos e requisitos legais podem ser aplicados ao desenvolvimento e uso da IA:

A LEI GERAL DE PROTEÇÃO DE DADOS (LGPD)

O Brasil exige que as organizações obtenham o consentimento expresso dos indivíduos antes de coletar ou usar seus dados pessoais. Isso significa que as organizações que usam sistemas de IA para coletar ou processar dados pessoais devem estar em conformidade com a LGPD.

O REGULAMENTO GERAL DE PROTEÇÃO DE DADOS (GDPR)

A União Europeia exige que as organizações protejam os dados pessoais dos seus cidadãos, independentemente de onde os dados sejam coletados ou processados. Isso significa que as organizações que usam sistemas de IA para coletar ou processar dados pessoais de cidadãos da UE devem estar em conformidade com o GDPR.

A LEI DOS DIREITOS CIVIS DE 1964

Os Estados Unidos proibem a discriminação com base em raça, cor, religião, sexo, origem nacional ou idade. Isso significa que as organizações que usam sistemas de IA para tomar decisões que afetam indivíduos com base em qualquer um desses fatores deve estar em conformidade com a Lei dos Direitos Civis.

As regulamentações e requisitos legais relacionados à IA estão em constante evolução. É importante estar ciente das últimas tendências e desenvolvimentos para garantir que sua organização esteja em conformidade.

Dicas para garantir a conformidade legal da IA:

FAÇA UMA AVALIAÇÃO DE RISCO

Avalie os riscos legais associados ao uso da IA em sua organização. Isso ajudará você a identificar as áreas onde a conformidade é mais importante.

DESENVOLVA UMA POLÍTICA DE IA

Desenvolva uma política de IA que defina os princípios e diretrizes para o desenvolvimento e uso da IA em sua organização. Essa política deve ajudar a garantir que a IA seja usada de forma ética e responsável.

TREINE SEUS FUNCIONÁRIOS

Treine seus funcionários sobre as regulamentações e requisitos legais relacionados à IA. Isso ajudará a garantir que eles estejam cientes de suas responsabilidades e de como cumprir a lei.

3. TRANSPARÊNCIA E RESPONSABILIDADE

A promoção da transparência e responsabilidade emerge como pilares fundamentais para assegurar o emprego ético e consciente da Inteligência Artificial.

Essas garantias não apenas fornecem alicerces para o desenvolvimento ético de sistemas de IA, mas também estabelecem a confiança necessária entre os usuários e os criadores dessas tecnologias inovadoras.

A integração desses elementos contribui não apenas para o desenvolvimento de sistemas de IA mais confiáveis, mas também para a criação de um ambiente propício ao avanço sustentável da tecnologia.

TRANSPARÊNCIA

É importante para a IA porque permite que as pessoas entendam como os sistemas de IA funcionam e tomam decisões. Isso é importante para garantir que os sistemas de IA sejam justos e não discriminatórios.

Existem várias maneiras de garantir a transparência da IA. Uma delas é fornecer documentação clara sobre como os sistemas de IA funcionam. Isso pode incluir informações sobre os dados usados para treinar os sistemas, os algoritmos usados para tomar decisões e os resultados esperados.

Outra maneira de garantir a transparência da IA é permitir que as pessoas visualizem e analisem as decisões dos sistemas. Isso pode ser feito fornecendo acesso a dados de treinamento e resultados de decisão.

RESPONSABILIDADE

Desempenha um papel crucial no contexto da Inteligência Artificial, pois proporciona um meio pelo qual os desenvolvedores e usuários dos sistemas de IA podem ser responsabilizados por suas ações. Essa responsabilização é essencial para assegurar que os sistemas de IA sejam utilizados de maneira ética e responsável evitando potenciais consequências negativas.

Diversas abordagens podem ser adotadas para assegurar a responsabilidade na área da IA. Uma delas consiste na definição de padrões e diretrizes rigorosos para o desenvolvimento e uso de sistemas de IA. Essa prática contribui significativamente para garantir que tais sistemas sejam concebidos e empregados de maneira segura, priorizando a responsabilidade durante todo o ciclo de vida do projeto.

Outro método relevante para reforçar a responsabilidade na IA é a atribuição de responsabilidades específicas aos desenvolvedores e usuários desses sistemas.

Essa abordagem visa garantir que as pessoas envolvidas sejam devidamente responsabilizadas pelas ações e impactos gerados pelos sistemas de IA que desenvolvem ou utilizam.

Ao estabelecer uma clara cadeia de responsabilidades, cria-se um ambiente propício para o uso ético e transparente da Inteligência Artificial.

4. IMPLEMENTAÇÃO DE GARANTIAS PARA TRANSPARÊNCIA E RESPONSABILIDADE EM IA

Diversas medidas podem ser adotadas para assegurar a transparência e responsabilidade na implementação da Inteligência Artificial. Essas salvaguardas não apenas fortalecem a confiança nas tecnologias emergentes, mas também contribuem para a construção de um ambiente ético e sustentável no qual a IA pode prosperar.

DOCUMENTAÇÃO CLARA

Os desenvolvedores de sistemas de IA devem fornecer documentação clara sobre como os sistemas funcionam. Isso deve incluir informações sobre os dados usados para treinar os sistemas, os algoritmos usados para tomar decisões e os resultados esperados.

ACESSO A DADOS E RESULTADOS

Os usuários de sistemas de IA devem ter acesso aos dados usados para treinar os sistemas e aos resultados das decisões. Isso permitirá que os usuários visualizem e analisem as decisões dos sistemas e identifiquem quaisquer problemas.

PADRÕES E DIRETRIZES

Os governos e organizações devem estabelecer padrões e diretrizes para o desenvolvimento e uso da IA. Esses padrões devem ajudar a garantir que os sistemas de IA sejam projetados e usados de forma segura e responsável.

RESPONSABILIDADES CLARAS

Os desenvolvedores e usuários de sistemas de IA devem ter responsabilidades claras pelas ações dos sistemas. Isso ajudará a garantir que as pessoas sejam responsabilizadas por quaisquer danos ou danos causados pelos sistemas de IA.

Em resumo, ao adotar uma combinação de documentação transparente, auditorias regulares e mecanismos de explicabilidade é possível estabelecer um sólido alicerce de transparência e responsabilidade na implementação da IA. Essas garantias não apenas fortalecem a integridade dos sistemas de IA, mas também promovem uma abordagem ética e confiável no desenvolvimento e uso dessa tecnologia inovadora.

8

TENDÊNCIAS FUTURAS

Chegamos ao final de nossa jornada sobre a Inteligência Artificial com as atuais ferramentas para Gestão de Projetos mas, após todas as definições e fundamentos mencionados, uma pergunta deve povoar a mente dos leitores: "O que podemos esperar para o Futuro?"

Além da inovação trazida pelas LLMs (*Large Language Models*), atualmente empresas que não tem o poder computacional da Microsoft ou do Google estão trabalhando em novas tecnologias de IA, uma delas é chamada de SLMs (*Small Language Models*), que são modelos de linguagem que possuem menos de 10 bilhões de parâmetros e que podem ser treinados e implantados com menos recursos computacionais. A título de comparação o ChatGPT tem 1.5 Trilhões de Parâmetros.

Exemplos de SMLs:

CLAUDE.AI

Desenvolvido pela Claude.AI Company, é um modelo de linguagem factual com 10 bilhões de parâmetros. Treinado em extenso conjunto de dados que inclui texto e código. Este modelo é capaz de gerar texto, traduzir idiomas, criar conteúdo criativo e fornecer respostas informativas às suas perguntas.

FLAN

Desenvolvido pela equipe da Facebook AI, é um modelo de linguagem factual incrivelmente robusto contando com uma impressionante quantidade de 600 bilhões de parâmetros. Este avançado modelo tem a capacidade de ser aplicado na criação de sistemas de resposta a perguntas, proporcionando informações detalhadas e altamente relevantes. Sua ampla gama de parâmetros permite uma análise abrangente, contribuindo para uma resposta mais precisa e enriquecedora em diversas situações.

1. NOVAS TECNOLOGIAS EMERGENTES E SEU IMPACTO

Nos últimos anos, vimos um grande avanço no desenvolvimento de novas tecnologias de IA, com o surgimento de técnicas como aprendizado profundo, aprendizado de máquina por reforço e IA quântica. Essas novas tecnologias têm o potencial de transformar a forma como vivemos e trabalhamos impactando diversos setores da sociedade.

Exemplos de novas tecnologias emergentes de IA:

APRENDIZADO PROFUNDO
É um tipo de aprendizado de máquina que utiliza redes neurais artificiais para aprender tarefas complexas. É a tecnologia que está por trás de muitos dos avanços recentes em IA, como o desenvolvimento de sistemas de reconhecimento facial e de voz.

APRENDIZADO DE MÁQUINA POR REFORÇO
É um tipo de aprendizado de máquina que permite que os sistemas aprendam por meio da experiência. É a tecnologia que está por trás de muitos dos jogos de computador modernos, como o AlphaGo da Google.

IA QUÂNTICA

É um campo emergente que investiga o uso da computação quântica para resolver problemas de IA. A computação quântica tem o potencial de acelerar drasticamente o treinamento e o desempenho de sistemas de IA.

2. IMPACTO DAS NOVAS TECNOLOGIAS DE IA

As inovações proporcionadas pelas novas tecnologias de Inteligência Artificial têm o potencial de causar impactos significativos em diversos setores da sociedade abrindo caminhos para transformações substanciais.

Entre os setores que podem ser profundamente influenciados se destacam:

SAÚDE

A IA pode ser usada para desenvolver novos tratamentos médicos, diagnosticar doenças e personalizar os cuidados de saúde.

EDUCAÇÃO

A IA pode ser usada para personalizar o aprendizado, fornecer feedback em tempo real e automatizar tarefas administrativas.

NEGÓCIOS

A IA pode ser usada para automatizar tarefas, melhorar a tomada de decisão e criar novos produtos e serviços.

GOVERNO

GOVERNO

A IA pode ser usada para melhorar a segurança pública, a eficiência do governo e a tomada de decisões.

Apesar do potencial de impacto positivo das novas tecnologias de IA, existem também alguns desafios que precisam ser superados. Um dos principais desafios é a questão da ética. É crucial estabelecer diretrizes éticas no desenvolvimento e uso da IA para evitar discriminação ou prejudicar grupos específicos.

Outro desafio é a questão da segurança. A IA pode ser usada para criar sistemas que são vulneráveis a ataques cibernéticos. É importante desenvolver medidas de segurança para proteger os sistemas de IA.

3. ATUAIS TENDÊNCIAS DE IA PARA GESTÃO DE PROJETOS NO AMBIENTE CORPORATIVO

A Gestão de Projetos é uma atividade essencial para o sucesso das empresas. No entanto, é uma atividade complexa e desafiadora, que requer uma série de habilidades e conhecimentos.

As ferramentas de IA estão revolucionando a gestão de projetos, oferecendo novas oportunidades para melhorar a eficiência, a eficácia e a produtividade. Algumas das principais tendências de ferramentas de IA para gestão de projetos:

AUTOMAÇÃO DE TAREFAS

As ferramentas de IA podem automatizar tarefas repetitivas, baseadas em regras, e liberar os Gerentes de Projetos para se concentrarem em atividades mais estratégicas. Por exemplo: as ferramentas de IA podem ser usadas para automatizar tarefas como agendamento de tarefas, rastreamento de progresso e geração de relatórios.

ANÁLISE DE DADOS

As ferramentas de IA podem ser usadas para analisar grandes volumes de dados identificando padrões e tendências que podem ser usados para melhorar a tomada de decisão. Por exemplo: as ferramentas de IA podem ser usadas para analisar dados de projetos anteriores para identificar áreas de melhoria ou prever o risco de atrasos ou estouros de orçamento.

APRENDIZADO DE MÁQUINA

Pode ser usado para melhorar a precisão e a eficiência das ferramentas de IA. Por exemplo: o aprendizado de máquina pode ser usado para treinar as ferramentas de IA para identificar padrões em dados de projetos ou para prever o risco de atrasos ou estouros de orçamento.

IA CONVERSACIONAL

Também conhecida como *chatbots* ou assistentes virtuais, pode ser usada para interagir com Gerentes de Projetos e equipes de forma mais natural e eficiente. Por exemplo: os *chatbots* podem ser usados para responder a perguntas sobre projetos, fornecer suporte técnico ou agendar reuniões.

As tendências de ferramentas de IA para gestão de projetos estão tendo um impacto significativo no mundo corporativo. Essas tendências estão impulsionando a inovação e a transformação digital na gestão de projetos, oferecendo oportunidades para melhorar a eficiência, a eficácia e a produtividade.

Algumas das principais maneiras pelas quais as tendências de ferramentas de IA estão impactando a gestão de projetos incluem:

MELHORIA DA EFICIÊNCIA

As ferramentas de IA estão automatizando tarefas repetitivas e baseadas em regras, liberando os Gerentes de Projetos para se concentrarem em atividades mais estratégicas. Isso está levando a uma redução nos custos operacionais e a um aumento na produtividade.

MELHORIA DA EFICÁCIA

As ferramentas de IA estão sendo usadas para analisar grandes volumes de dados identificando padrões e tendências que podem ser usados para melhorar a tomada de decisão. Isso está levando a decisões mais informadas e estratégicas.

MELHORIA DA PRODUTIVIDADE

As ferramentas de IA estão automatizando tarefas repetitivas e baseadas em regras, liberando os Gerentes de Projetos para se concentrarem em atividades mais estratégicas. Isso está levando a um aumento na produtividade.

DESAFIOS E OPORTUNIDADES

Assim como toda inovação disruptiva, a implementação da IA também apresenta desafios que precisam ser cuidadosamente considerados para garantir uma transição segura e bem-sucedida.

Oportunidades Transformando a Gestão de Projetos:

AUTOMAÇÃO INTELIGENTE

Tarefas repetitivas e manuais são automatizadas, liberando tempo valioso para atividades estratégicas e criativas.

DECISÕES BASEADAS EM DADOS

Análise profunda de grandes volumes de dados históricos para identificar padrões e prever riscos com precisão, subsidiando decisões mais embasadas.

OTIMIZAÇÃO DE RECURSOS

Alocação inteligente de recursos como equipe, materiais e ferramentas maximizando o retorno do investimento e evitando desperdícios.

COMUNICAÇÃO COLABORATIVA

Ferramentas facilitam a colaboração e comunicação entre os membros da equipe, independentemente da localização, reduzindo mal-entendidos e otimizando o fluxo de trabalho.

GESTÃO PROATIVA DE RISCOS

Algoritmos de IA preveem riscos e problemas em potencial antes que causem atrasos ou estouros de orçamento, permitindo medidas proativas para mitigação.

Desafios Exigindo Superação Estratégica:

IMPACTO NO CUSTO

Implementação de soluções de IA pode ser onerosa incluindo custos de software, hardware, treinamento e integração com sistemas existentes.

QUALIDADE DOS DADOS

A eficácia da IA depende da qualidade dos dados utilizados para seu treinamento. Dados imprecisos ou incompletos podem gerar resultados incorretos ou enganosos.

EXPERTISE NECESSÁRIA

Implementação e gerenciamento de soluções de IA exigem expertise em tecnologia e ciência de dados, recursos que nem todas as organizações possuem internamente.

PREOCUPAÇÕES ÉTICAS

Implementação responsável e transparente é crucial para mitigar preocupações com vieses, discriminação e perda de empregos associados ao uso da IA.

RESISTÊNCIA À MUDANÇA

Mudanças em métodos tradicionais de trabalho podem gerar resistência por parte da equipe. Gerenciamento eficaz da mudança e treinamento adequado são essenciais.

SUPERANDO DESAFIOS, CONQUISTANDO VANTAGENS

As empresas que superarem os desafios da implementação da IA em gestão de projetos estarão bem-posicionadas para colher os frutos dessa tecnologia inovadora. Maior eficiência, otimização de recursos, decisões mais acertadas e uma cultura de trabalho mais colaborativa são apenas alguns dos benefícios que podem ser alcançados.

4. HABILIDADES DOS GESTORES NA ERA DA IA

No atual cenário de mudanças que o universo de Gestão de Projetos vive nos últimos anos a IA é definitivamente a principal delas e, em um mercado de trabalho extremamente competitivo, é fundamental ter conhecimento nas novas ferramentas. Os Gestores de Projetos precisam desenvolver novas habilidades e conhecimentos.

Algumas habilidades essenciais para Gerentes de Projetos na era da IA:

COMPETÊNCIAS TÉCNICAS

Terem um entendimento básico de como as ferramentas de IA funcionam. Eles precisam saber como usar essas ferramentas para automatizar tarefas, analisar dados e tomar decisões.

COMPETÊNCIAS ANALÍTICAS

Serem capaz de analisar grandes volumes de dados para identificar padrões e tendências. Eles precisam usar essas informações para tomar decisões informadas.

COMPETÊNCIAS DE COMUNICAÇÃO

Serem capaz de comunicar de forma eficaz com as partes interessadas, incluindo clientes, equipes e executivos. Eles precisam saber explicar conceitos técnicos de forma clara e concisa.

COMPETÊNCIAS DE LIDERANÇA

Serem capaz de liderar e motivar equipes. Eles precisam criar um ambiente de trabalho positivo e produtivo.

Gerentes de Projetos também precisam desenvolver as seguintes habilidades:

ADAPTABILIDADE

Em meio à constante evolução da IA, os Gerentes de Projetos devem ajustar suas habilidades às novas tecnologias.

RESILIÊNCIA

Enfrentar desafios imprevistos, como mudanças de escopo ou atrasos, e saber lidar com tais obstáculos de maneira resiliente.

INOVAÇÃO

É essencial cultivar um espírito inovador, capaz de pensar criativamente e encontrar novas soluções para os desafios apresentados.

Além das habilidades mencionadas, existem outras maneiras de melhorar as habilidades e adquirir conhecimento voltado para IA:

:: Participar de treinamentos e workshops sobre IA.

:: Ler livros e artigos sobre IA.

:: Experimentar ferramentas de IA para gestão de projetos.

:: Conversar com outros Gerentes de Projetos que estão usando IA.

Embora a Inteligência Artificial não seja uma solução universal capaz de resolver todos os desafios ou eliminar funções específicas dentro de um projeto, seu papel é crucial ao proporcionar informações mais precisas em um intervalo de tempo reduzido.

Essa contribuição possibilita que o Gestor de Projetos direcione seu tempo de maneira mais eficaz para atividades que verdadeiramente agregam valor ao projeto.

A integração da IA, portanto, não apenas aprimora a assertividade das informações, mas também libera recursos valiosos para um gerenciamento mais estratégico e eficaz. Dessa forma, a Inteligência Artificial se destaca como uma ferramenta que, embora não seja uma panaceia, desempenha um papel fundamental na otimização da gestão de projetos.

9

ADOÇÃO DE IA PASSO A PASSO:
UM GUIA PRÁTICO
PARA O SUCESSO

Ao longo da jornada sobre IA, sua história, benefícios e ferramentas ainda falta responder uma questão fundamental: "Como adotar IA dentro da organização?"

Este capítulo tem como objetivo responder essa pergunta e prover um guia prático, passo a passo para adoção de IA, desde a definição de objetivos estratégicos até a implementação e o monitoramento de soluções de IA, que veremos a seguir.

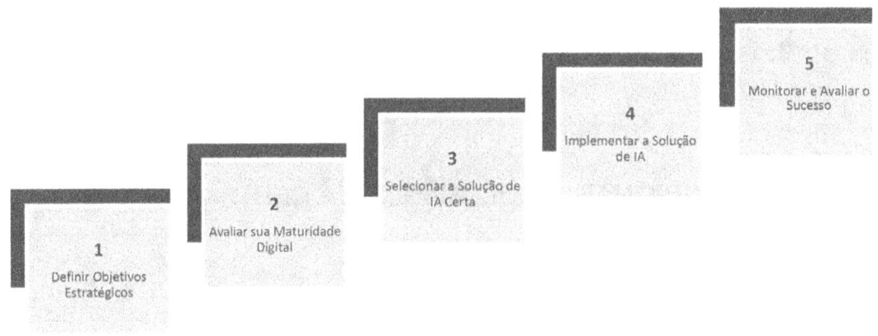

Linha do Tempo da Inteligência Artificial

PASSO 1: DEFINIR OBJETIVOS ESTRATÉGICOS

O primeiro passo para a adoção da IA é definir objetivos estratégicos claros e mensuráveis. O que você espera alcançar com a IA? Quais são seus principais desafios de negócios que a IA pode ajudar a resolver?

É importante ter uma visão clara do que você deseja alcançar antes de investir em soluções de IA. Isso ajudará a garantir que a tecnologia seja utilizada de forma eficaz e eficiente para atingir seus objetivos.

PASSO 2: AVALIAR SUA MATURIDADE DIGITAL

Antes de implementar a IA, é importante avaliar sua maturidade digital. Isso inclui avaliar sua infraestrutura de TI, seus processos de negócios e sua cultura organizacional.

Uma infraestrutura de TI robusta e segura é essencial para suportar soluções de IA. Seus processos de negócios devem ser eficientes e bem documentados para que a IA possa ser integrada de forma eficaz. E sua cultura organizacional deve ser receptiva à mudança e à inovação.

PASSO 3: SELECIONAR A SOLUÇÃO DE IA CERTA

Existem diversas soluções de IA disponíveis no mercado, cada uma com seus próprios pontos fortes e fracos. É importante selecionar a solução que melhor atende às suas necessidades específicas.

Ao selecionar uma solução de IA, considere fatores como o tipo de problema que você está tentando resolver, o tamanho e a complexidade de seus dados, seu orçamento e sua experiência com IA.

PASSO 4: IMPLEMENTAR A SOLUÇÃO DE IA

A implementação de uma solução de IA pode ser um processo complexo. É importante ter um plano de implementação claro e detalhado que inclua todos os *stakeholders* relevantes.

O plano de implementação deve abordar questões como treinamento de funcionários, gerenciamento de dados e segurança. É importante também ter um processo de teste e avaliação para garantir que a solução de IA esteja funcionando conforme o esperado.

PASSO 5: MONITORAR E AVALIAR O SUCESSO

É importante monitorar e avaliar o sucesso da sua solução de IA após a implementação. Isso ajudará a garantir que a tecnologia esteja funcionando de acordo com suas expectativas e que esteja proporcionando os resultados desejados.

Ao monitorar o sucesso da IA, é importante considerar fatores como o desempenho da solução, o impacto nos negócios e o retorno do investimento.

A adoção da IA pode ser um processo desafiador, mas também pode ser extremamente recompensadora. Seguindo um guia prático passo a passo como este, você pode aumentar suas chances de sucesso e aproveitar o poder da IA para transformar seus negócios.

Fontes Cambria e Chakra Petch.
Papel supremo 250g. e offset 90g.
Belo Horizonte, junho de 2024.

9 786501 035116